悪魔の不動産鑑定

中瀬桃太郎　泰道征憲

MOMOTARO NAKASE　MASANORI TAIDO

CROSSMEDIA PUBLISHING

本書の読み方

05

事故物件が
ヤバすぎる

～基礎知識～

動画を鑑賞

•026•

近いうちに引っ越す家は、まさか事故物件じゃないよね？

不動産屋からは何も言われてないし大丈夫でしょ。

案外そうでもないかもよ？

01 悪魔

皆さんは、事故物件に住みたいでしょうか？　事故物件なんか絶対に住みたくない人、価格・賃料が安ければ住める人、はたまた全く気にしない人もいるでしょう。

このように、人の死に関する事案が起きた物件（事故物件）は、契約の判断に大きな影響を与える場合があるので、不動産業者は買主・借主に事故の事実を告知する義務があります。（宅地建物取引業法第47条）

しかし、意外なことに告知しなくてもいいケースがあります。国土交通省のガイドラインによると、自然死、日常生活での不慮の死、隣接住戸または通常使用しない集合住宅の共用部分での死については、告知義務はないとしています。

一方、**告知義務がある具体例としては、自殺、他殺、火災等による事故死、特殊清掃や大規模リフォームが必要となった事案**などです。

•027•

1 動画をチェック！

2 解説を読んでください。

なお、賃貸の場合、死が発覚してから概ね3年経てば告知義務がなくなります（売買の場合は期限の指定はなく告知必須）。ただし、事件性や周知性、社会性の観点から何年経っても告知しなければいけないケースもあるので、この期間はあくまで目安としてお考えください。

また、不動産業者は買主・借主に人の死に関する事案について聞かれた場合、答える義務があるので、事故物件かどうか気になる人は業者に聞くようにしましょう。

告知義務なし	告知義務有り
❶ 老衰、自然死	❶ 自殺、他殺、火災等による事故死
❷ 日常生活での不慮の死（階段からの転落、食事中の誤嚥など）	❷ 特殊清掃や大規模リフォームが必要となった事案
❸ 隣接住戸または通常使用しない集合住宅の共用部分での死	❸ 買主・借主から問われた場合
	❹ 社会的影響の大きさなどから買主・借主が把握しておくべき特段の事情がある場合

参照 国土交通省の「宅地建物取引業者による人の死の告知に関するガイドライン」
https://www.mlit.go.jp/report/press/tochi_fudousan_kensetsugyo16_hh_000001_00029.html

•028•

01 悪魔

結論

事故物件かどうか気になる場合は業者に聞こう。

要点❶
事案によって、告知義務の要否が変わる。

要点❷
賃貸の場合、死が発覚してから概ね3年経てば告知義務がなくなる。

要点❸
売買の場合は、期限の指定はなく告知必須。

悪魔のささやき

業者に聞いてきたよ！
どうだった？
3人取り憑いてるって！
うん、なんで？？

•029•

悪魔の不動産鑑定　目次

02 購入

03 売却

04 相続

05 不動産鑑定

01 悪魔

01

浸水したタワマンが悲惨すぎる

▲
動画を鑑賞

タワマンほしい！！　タワマンほしい！！

でも、浸水した時のリスクが……。

**そんなのいつ来るか分からないんだし、
気にしたらダメだって。**

そうは言ってもさ………（災害リスクってどうやって確認すればいいんだろう？）

日本は、台風・豪雨・地震など自然災害が起きやすい世界有数の国です。2011年の東日本大震災による新浦安周辺の地盤液状化や、2019年の台風19号による武蔵小杉のタワマン浸水などが記憶に新しいですよね。このような被害が発生すると、不動産価格はマイナスの方向に。

ここで日本の歴史を軽く振り返ってみましょう。

例えば、東京では田園調布や城南五山（じょうなんござん）（東京の城南地区にある高台5カ所の総称。島津山、池田山、花房山、御殿山、八ツ山）といった地域が高級住宅街として知られています。評価の要因として、この地域が高台で河川の氾濫等の影響を受けにくいことが挙げられます。一方、墨田川周辺などの低地にある地域は水害に弱いため、江戸時代の武士などは住まず、町人が住む「下町」と言われるようになりました。

そういった災害リスクも加味されたうえで不動産の価格が

決まります。リスクを分析するため、我々不動産鑑定士が確認する資料がハザードマップです。

ハザードパップとは、河川の氾濫、台風や大雨による浸水などの水害、地震による土砂災害や津波などのリスクが記載された地図です。

これを見れば、どういった災害リスクがあるか分かるので、不動産購入を検討されている方は「○○市　ハザードマップ」で検索し、確認するようにしましょう。

では、不動産鑑定士は災害リスクがある物件を買わないのでしょうか？　結論、買います。昨今は堤防が強化され、地盤強化の技術も向上しているので、多少のリスクは承知のうえで購入します。

不動産を購入する時は
ハザードマップを確認しよう。

要点❶

不動産価格は災害リスクも加味されたうえで
価格が決まる。

要点❷

ハザードマップはネットで検索可能。

要点❸

とはいえ、不動産鑑定士でも湾岸エリアの物件を
購入することはある。

悪魔のささやき

ハザードマップを確認すればいいんだって。

じゃあ、部屋を沈ませないためにもタワマンの高層階
買って！

うん、なんで？

02

おとり物件がウザすぎる

▲
動画を鑑賞

見て見て！　この物件、家賃めっちゃ安いよ！

ホントだ。でもおとり物件の可能性があるよ。

おとり物件？

おとり物件とは、既に契約されているにもかかわらず、住宅情報サイトなどに広告として出している物件のことをいいます。おとり物件は、**不動産業者が集客目的で利用する悪質な手法です。**

具体的には次のようになってます。

客　（この物件、立地がいいのに家賃も安いな。問い合わせてみよう）

不動産屋　こちらの物件は内覧可能です！　○月○日に弊社にお越しください。

―内見当日―

不動産屋　誠に残念ですが、お問い合わせいただいた物件は今朝申込みが入ってしまいました。せっかくですので、本日は同じような別の物件を案内しますね！

客　そうですか。仕方ないので別物件の案内お願いします。

不動産屋　承知しました！（しめしめ。今日はうちに紹介料が多く入る物件を案内して、そこに入居してもらおう……）

基本的にはこういった流れです。

ただし、おとり物件だったかどうかを断定するのは難しいのが実情です。人気の物件だと本当に直近で契約申込が入ってるパターンもあります。

ですので、周辺よりやたら安い物件はおとり物件の可能性があるので、内見時間を何回も取れない方は、なるべくそのようないかにも怪しい物件には問い合わせないようにしましょう。

なお、住宅情報サイトを運営している会社もそういった悪徳業者を排除するために、おとり物件を掲載していることが判明次第、掲載停止・利用不可というペナルティ制度を設けているので、怪しい物件情報はだいぶ減っています。

おとり物件を使う不動産業者に注意しよう。

要点❶

周辺相場よりやたら安い物件はおとり物件の可能性あり。

要点❷

ただし、おとり物件だったかどうかを見極めるのは困難。

要点❸

おとり物件は減っているが未だにある。

悪魔のささやき

おとり物件とか初めて聞いた。

どう？　分かってくれた？

よく分かんない……。

うん、なんで？

03

内見中にエロしてみた

▲
動画を鑑賞

高層階のタワマン最高だね！　友だちに自慢しよっと！

ちょっと待って！

どうしたの？

SNSに上げたら特定されるかも……

最近はマンションの眺望を映すだけで、簡単に物件を特定されてしまいます。そんな特定が役立った（？）珍事件をご紹介しましょう。

2022年某日、とある男女の客が内見ついでに卑猥な行為をし、その動画をネットに投稿しました。すると、外の景色が映っていたため物件名と部屋番号が特定される事態に。

さらに、そのマンションは複数の投資家が絡む大手投資法人の物件だったため、株主総会で取り上げられるほど大問題になってしまいました。

なぜここまで大事になってしまったのでしょうか。なぜなら、このような悪い噂が立ってしまうと、賃料や価格にマイナスの影響をもたらす可能性があるからです。

余談ですが、誰でもできる物件の特定方法を説明します。

①まずは室内から眺望が映った場合、そこから見える特徴的な建物や看板を複数見つけます。例えば手前に東京タワー、奥にスカイツリーが見えたら東京の南西側から北東側を撮影していることがわかります。

②次にGoogleMapの航空写真を3D表示し、特徴的な建物の位置関係から物件位置をおおまかに把握します。

③眺望に映った一番手前の物件を航空写真から探し、最後に間取りや内装を物件情報サイトと見比べ、同じものがあれば特定完了です。

一点透視図法と三角関数を使えばもっと正確に特定できますが、少し難解なためここでは省略します。執着心があれば、上記の方法でも十分特定可能でしょう。

タワマン自慢は計画的に。

要点❶

窓の外が見えれば場所の特定は簡単。

要点❷

悪い噂が立った物件は価格や賃料が下がる可能性あり。

要点❸

誰でもできる物件の特定方法。

悪魔のささやき

窓の外は写さないようにな？

無理無理！　せっかくの高層階、自慢しなきゃ死んじゃう！

うん、なんで？

04

隣の壁が薄すぎる

▲
動画を鑑賞

（壁の薄い部屋に住んでいる人のあるある）

（屁こくか……）ブリィッ！！

うるせえよ！

ウェ!?

隣人のオナラを壁越しで聞いたことがある人は、いるでしょうか？

そんな人は極少数かと思いますが、実際にそのレベルの壁の薄さを体現したアパートが存在します。

「どうせ聞いたことない中小の業者が造ったアパートでしょ？」と思われる方もいるかもしれませんが、意外と大手のハウスメーカーがこのようなアパートを建てている場合があります。

代表的な事例としては、レオパレス21の施工不備問題です。2018年に2人のオーナーから屋根裏の界壁がないと指摘が入ったことにより、国土交通省の調査が入りました。結果、約3万9,000棟のうち約1万1,000棟のアパートに明らかな不備が発覚。国土交通省はレオパレス21に対し、不備が明らかになった物件の改修工事を指示し、さらには他の大手ハウスメーカーへの調査も行われる異例の事態になりました。

この時、最も被害を受けるのは大家（オーナー）です。施工不良がニュース等で大々的に発表されると、そのアパートから退去する人が増え、新しく入居する人も少なくなります。レオパレスの場合、問題が発覚する前の稼働率は90％を超えていましたが、施工不備発覚後、稼働率は80％を切る事態に。2024年時点では85％と回復基調にありますが、それでも一般的なアパートと比較すると低調といえるでしょう。

皆さんも大手の建築業者だからといって全てを任せてはいけません。過去に問題を起こしていないか、悪評がないかなどを調べてから依頼しましょう。

アパートを建てる際は建築業者を見極めよう。

要点❶

大手の建築業者でも施工不良の問題が取り上げられている。

要点❷

施工不良で一番被害を受けるのは大家。

要点❸

建築業者の選定は慎重に。

悪魔のささやき

（さっきオレの屁が隣人に聞こえたのは気のせいか？）

ブリィッ！！！（特大放屁）

ウェウェ!?

05

事故物件がヤバすぎる

〜基礎知識〜

▲
動画を鑑賞

近いうちに引っ越す家は、まさか事故物件じゃないよね？

不動産屋からは何も言われてないし大丈夫でしょ。

案外そうでもないかもよ？

皆さんは、事故物件に住みたいでしょうか？　事故物件なんか絶対に住みたくない人、価格・賃料が安ければ住める人、はたまた全く気にしない人もいるでしょう。

このように、人の死に関する事案が起きた物件（事故物件）は、契約の判断に大きな影響を与える場合があるので、不動産業者は買主・借主に事故の事実を告知する義務があります。（宅地建物取引業法第47条）

しかし、意外なことに告知しなくてもいいケースがあります。国土交通省のガイドラインによると、自然死、日常生活での不慮の死、隣接住戸または通常使用しない集合住宅の共用部分での死については、告知義務はないとしています。

一方、**告知義務がある具体例としては、自殺、他殺、火災等による事故死、特殊清掃や大規模リフォームが必要となった事案**などです。

なお、賃貸の場合、死が発覚してから概ね3年経てば告知義務がなくなります（売買の場合は期限の指定はなく告知必須）。ただし、事件性や周知性、社会性の観点から何年経っても告知しなければいけないケースもあるので、この期間はあくまで目安としてお考えください。

また、不動産業者は買主・借主に人の死に関する事案について聞かれた場合、答える義務があるので、事故物件かどうか気になる人は業者に聞くようにしましょう。

告知義務なし	告知義務あり
❶ 老衰、自然死	❶ 自殺、他殺、火災等による事故死
❷ 日常生活での不慮の死（階段からの転落、食事中の誤嚥など）	❷ 特殊清掃や大規模リフォームが必要となった事案
❸ 隣接住戸または通常使用しない集合住宅の共用部分での死	❸ 買主・借主から問われた場合
	❹ 社会的影響の大きさなどから買主・借主が把握しておくべき特段の事情がある場合

参照：国土交通省の「宅地建物取引業者による人の死の告知に関するガイドライン」
https://www.mlit.go.jp/report/press/ tochi_fudousan_kensetsugyo16_hh_000001_00029.html

事故物件かどうか気になる場合は業者に聞こう。

要点❶

事案によって、告知義務の要否が変わる。

要点❷

賃貸の場合、死が発覚してから概ね3年経てば告知義務がなくなる。

要点❸

売買の場合は、期限の指定はなく告知必須。

悪魔のささやき

業者に聞いてきたよ！

どうだった？

3人取り憑いてるって！

うん、なんで？？

06

事故物件がヤバすぎる

～価格・賃料の下落率～

▲
動画を鑑賞

事故物件ってどれくらい安くなるの？

不動産鑑定士に聞いてみよう！

事故物件は、価格・賃料にどの程度影響を与えるのでしょうか。

我々不動産鑑定士は、死亡時の状況、事件性、周知性、社会性等を考慮して下落率を査定するので一概に何パーセント下がるとは言えません。しかし、それだとつまらないので、不動産鑑定士の感覚として、一般的な価格・賃料の下落率をお見せしましょう。

事故物件の価格・賃料の下落率

	人気エリア	不人気エリア
賃貸	5%～10%程度の賃料下落	20%程度の賃料下落
売買	10%～20%程度の価格下落	30%程度の価格下落

次に、①価格に大きく影響する場合、②標準的な場合、③価格への影響が僅少な場合に分けて説明します。

①事件性の高い他殺、火災事案

最も下落率が高い事案です。とくに「連続殺人事件」「放火殺人事件」などとしてニュースで取り上げられた場合、一般的な方法では売却できず、訳あり不動産の専門業者などに買取依頼をすることが多いです。価格も相場の半値程度を覚悟しておいた方がよいでしょう。最近の事件だと「京都アニメーション放火殺人事件」「座間9人殺害事件」などが該当します。

②死後一定期間放置され、特殊清掃が必要になる自然死

特殊清掃とは、孤独死や事故死、ゴミ屋敷などの特殊な事情がある部屋を掃除・原状回復する作業です。昨今では孤独死が一番多いでしょう。一人暮らしをしていたご年配の方が室内で亡くなってしまい、発見が遅くなってしまうケースです。たいていはドアや窓周辺にハエが飛んだり、外からでも分かる腐敗臭により、近隣の方から管理会社や警察に連絡が入ります。この場合、体液や臭いが床や壁に染み込んでしまい、通常の清掃では除去できないため、専門業者に特殊清掃を依頼します。なお、特殊清掃の費用は30万円～70万円程度です。

また、アパート経営では建物の築年数が古くなったり家賃が安くなると、入居者の年齢が高齢化するため、特殊清掃が必要な自然死に遭遇する確率は必然と上がります。筆者のひとり、泰道の所有しているアパートでも2回ほど孤独死の経験があるので決して珍しいことではありません。

この時の賃料の下落率としては、不人気エリアで20％程度、人気エリアだと5～10％程度の下落です。また、泰道が所有しているアパートで孤独死があった部屋は家賃を6万円から5.5万円に下げて入居してもらいました。

③誰かに看取られた自然死

室内で死亡しても、その物件の価値がマイナスにならないケースもあります。それが、家族などに看取られながらお亡くなりになるケース（在宅看取り）です。

この場合、国土交通省によるガイドラインにおいても告知義務はないため、事故物件には該当しません。価格・賃料への影響は0～5％未満の下落率と考えてよいでしょう。

(1)事件等の経過年数と裁判例における心理的瑕疵の判断の状況

※表示例：売買建物内で事故があった
売買当時存在していない建物（または建物取壊し前提の売買）内で事故があった

年数	瑕疵を認めた事例	瑕疵を否定した事例
50年	ⓠ 耳目を集めた殺人事件（農山村地帯）・土地取引・居住目的（認容：売買代金相当の損害金）	
20年	ⓓ 周辺住民の記憶に残る自殺・土地取引・居住目的（認容：媒介業者に対する慰謝料）	
17年		ⓒ 火災事故死・土地取引・分譲目的
12年	ⓐ 自殺・住宅・賃貸目的（一審は買主の意訳解除を認容・控訴後契約解除で和解）	
9年	ⓚ 殺人・自殺・マンション・転売（認容：違約解除）	
	ⓞ 殺人・土地取引・分譲目的（認容：損害賠償）	ⓝ 自殺・土地取引・分譲目的
8年		
7年	ⓑ 殺人・土地取引・分譲目的（認容：損害賠償）	ⓥ 自殺・土地取引

価格を下げないようにする裏技とかないの？

チャプター05でも話した告知義務を回避する方法はないのでしょうか。

かくいう泰道が所有している物件で自殺があった際に、「どうにか価格が落ちない方法はないか!?」と資料を読み漁った経験があります。

結論、ないです。告知事項に関する法律や判例を読み漁り、数多の不動産会社にヒアリングしてみましたが、ダメでした……。

最終的には「建物を取り壊せば告知義務はなくなるのでは？」と考えたのですが、この場合も「隠れた瑕疵」の存在が認められる場合があり、隠していると後々トラブルになる可能性があります。

参考記事

事故物件の判例については国土交通省がまとめてくれているのでご紹介しましょう。「耳目を集めた殺人事件」が事件から50年後に心理的瑕疵として認めた事例なんかは、ゾッとする事件ですね。

https://www.mlit.go.jp/tochi_fudousan_kensetsugyo/const/content/001405336.pdf

事案やエリアなどによって、事故物件の価値下落率は変わる。

要点❶

事件性の高い事故物件は半値程度になる場合も。

要点❷

在宅看取りは価値が下落しづらい。

悪魔のささやき

事案によって、下落率って変わるのか。

結構安くなるね。次の家は事故物件で探そっか！

うん、なんで？

章末コラム①

不動産鑑定士になるための勉強

この本をきっかけに不動産鑑定士を目指す方がいるかもしれないので、勉強方法について軽く解説します。

不動産鑑定士を目指す方は、必ず資格予備校に通いましょう。不動産鑑定士は市販の参考書がないため、独学するのは極めて困難だからです。

予備校はTACとLECの2つあり、筆者のひとりである中瀬はTACに通っていましたが、民法と経済学についてはLECの参考書を中古で買い、勉強していました。

私の勉強方法はやや珍しいかもしれないので、皆さんはそれぞれの資格予備校の参考書を使い勉強するのがいいかと思われます。

具体的な勉強方法については次の章末コラムで解説します。

02
購入

07

無理して
タワマン
買いました

動画を鑑賞

高層階のタワマンに住みたい！　ほしい！

でも、1億円超えてるよ……？

あなたの年収1,000万円だし、
贅沢しなきゃいけるって！

そこまで言うなら……（でも、住宅ローンって、
年収の何倍がいいんだろう？）。

住宅ローンは、**年収の6〜7倍を限度**に組むのがオススメです。

金融機関によって住宅ローンの限度額はバラバラで、10倍まで借りられるところも。そんな金融機関で、めいっぱい10倍ギリギリまで借りたくなるかもしれませんが、ストップ！

ここで、年収の6倍（仮に年収1,000万円とし、6,000万円）と10倍（1億円）の住宅ローン（35年・変動0.4％）を組んだ場合どうなるかを見ていきましょう。

	年収の6倍6000万円で購入	年収の10倍1億円で購入
年収	1,000万円	1,000万円
毎月給与	83万円	83万円
税金	22万円	22万円
手取り	61万円	61万円
借入額	6,000万円	1億円
住宅ローン返済額 金利0.4%	15万円	26万円
管理費・修繕積立金・ 固定資産税	5万円	6万円
火災保険	0.2万円	0.2万円
手残り	**41万円**	**29万円**
生活費	**30万円**	**30万円**
毎月貯金額	**11万円**	**−1万円**

ここで注意したいポイントが、年収の10倍で住宅ローンを組んだ場合、貯金をすることが一気に難しくなることです。最悪、住宅ローン破綻(※)になるケースも……。

したがって、家を購入する時は、収入や生活費の急激な変化に対応できる範囲で住宅ローンを組むようにしましょう。

※住宅ローン破綻とは、世帯経済状況や年収が悪化し住宅ローンの支払いができなくなることをいいます。

住宅ローンは、世帯年収の6～7倍程度を限度に組むのがオススメ。

要点❶

年収10倍でローンを組むと貯金が難しくなる。

要点❷

収入や生活費の変化にも対応できるよう、
無理のない範囲でローンを組もう。

要点❸

無理してローンを組むと住宅ローン破綻の可能性も。

悪魔のささやき

年収の6倍か……。

てことは、あなたが年収2,000万円
稼げばいいじゃん！

うん、なんで？

08

中古マンションが高すぎる

▲
動画を鑑賞

マンションほしい！！　マンションほしい！！

いや、今は高すぎるし買い時じゃないよ。

じゃあ、その買い時って、いつ！？

いや、それは……（確かに、マンションって、いつ買えばいいんだろう？）

昨今はマンション価格が高騰しています。

2022年時点の中古マンション（3DK・LDK）の平均価格は、首都圏で4,476万円、東京23区だと7,047万円です（出典「REINS TOWER　中古マンションの間取り別成約件数2022年」）。

なお、首都圏のマンションは2010年頃から2024年時点で1.5～2倍程度に上昇しており、「あの時マンションを買っておけばよかった……」なんて言葉は耳が痛くなるほど聞いてきました。

我々不動産鑑定士も日々多くのレポートを読んで勉強していますが、ここまで不動産価格が高くなると予想して事前に不動産を購入した鑑定士はほぼいません。

むしろ、「今のマンション、高すぎるよね」と言って購入を踏みとどまった鑑定士たちが「あの時買っておけばよかった～」なんて、ぼやいています。

今後、不動産価格が上がるのか下がるのかは神のみぞ知る世界ですので、家については、ほしくなった時が一番の買い時です。

ただし、自分の年収に見合った無理のない範囲で購入するのが大前提です！！

家は買いたい時に買おう。

要点❶

2022年時点の中古マンション（3DK・LDK）の平均価格は、東京23区だと7,000万円を超えている。

要点❷

首都圏のマンションは2010年頃から2024年時点で1.5～2倍程度に上昇している。

要点❸

自分の年収に見合った無理のない範囲で購入しよう。

悪魔のささやき

とにかく今は、中古マンションが高すぎるから、様子見よう！

……私、彼氏できたし、別れよ？

うん、なんで？

09

嫁とローン組んでみた

▲
動画を鑑賞

夢のマイホーム、そろそろほしい！

俺の年収500万円だけど、いい物件あるか？

じゃあ、ペアローン組めばいいじゃん！

ペアローン？

ペアローンとは、夫婦や親子が契約者となって住宅ローンを組む方法です。

私たちは年収の6〜7倍程度を限度に住宅ローンを組むことを勧めていますが、価格が高騰している昨今の不動産市況により、自分一人じゃ、希望の物件を買うことができないことも多いです。

そこでペアローン。これを使えば融資枠が増え、購入できる物件の範囲がグッと広がります。ただし、ペアローンを組んだ時のリスクも知っておきましょう。

よくある事例：憧れのマイホームを購入後の離婚

結婚を機に新築戸建の購入を検討している、とある夫婦。希望の家は4,800万円で、世帯年収が700万円（夫400万円、妻300万円）だったため、審査を通すためにペアローンを組みました。

しかし、購入してから2年後、夫婦仲が悪くなり離婚話に発展。どちらか一人が戸建に住むにしては広すぎるため、売却することになりました。

その時のローン残債は約4,600万円で、売却査定価格は4,000万円。600万円の持ち出しが必要になりましたが、大して貯金をしていなかったこともあり、売却できない状態に。

その後、妻は戸建に、夫は他の賃貸物件に住むことになりました。しかし、夫はローンを返済しながら家賃も払っているため、前より生活が苦しくなりました。

このように、ペアローンを組むと一人でローンを組むよりもリスクが大きくなります。その点を理解したうえで、ペアローンを組むようにしましょう。

ペアローンは不動産を買う時の武器になるが、リスクもある。

要点❶

ペアローンは不動産を買う時に大きな手助けに。

要点❷

離婚した時などは、大変なことになる場合がある。

要点❸

融資額が増えるからといって、安直にペアローンを組まないように！

悪魔のささやき

よし、ペアローン組んで一緒に頑張ろう！

うん！　私、専業主婦で頑張るから、あなたも仕事頑張ってね！

うん、なんで？

10

タワマン生活が最高すぎる

▲
動画を鑑賞

タワマンほしい！

でも、高くない？

高いのには、それなりの理由があるの！

タワーマンション（略称「タワマン」）は優れた立地や眺望、高度なセキュリティ、豪華な共用施設などがあり、価格も高額です。主な購入者は、経営者や医者などの富裕層、転売利益を狙う投資家のほか、昨今では世帯年収1,200万円を超えるパワーカップルがペアローンを組んで購入するケースも散見されます。

タワマンを購入する主なメリットは、資産性の高さです。タワマンは駅近の物件が多く、室内の仕様や間取りは汎用性があることが多いので、同価格帯の戸建住宅と比べると、**タワマンの方がリセールバリュー（再販価値）に優れます。**

一方、デメリットは、管理費・修繕積立金が高かったり、平日朝のエレベーター混雑、部屋からエントランスまでの長い移動時間などが挙げられます。また、人によっては自分より高い階層に住む人に対して劣等感を抱いてしまうなんてことも。

タワマンを購入する際は、これらのメリットとデメリットを把握したうえで、家計を圧迫しない無理のない範囲で購入するようにしましょう。

余談になりますが、昨今、高すぎるマンションとして注目されたのが東京都港区のランドマークとして誕生した麻布台ヒルズ内の「アマンレジデンス東京」です。

このマンションの最上階が300億円と言われています。

一方、バブル期のスキーブームで建築された苗場のリゾートマンションは5万円程度で売りに出されています。どちらも「住む」という機能は同じなのに……。

タワマンは比較的安定した資産。

要点❶

同価格帯の戸建住宅よりリセールバリューに優れる。

要点❷

管理費・修繕積立金が高いなどのデメリットもある。

悪魔のささやき

比較的安定した資産なんだな。

そう！　だから最上階買ってね！

うん、なんで？

11

中古戸建がお得すぎる

動画を鑑賞

憧れの一戸建に住みたい！

でも、高くない？

安心して！　中古戸建なら大丈夫だから！

そうなの？

皆様は新築プレミアムという概念をご存知でしょうか。

通常、新築物件は誰かが入居した時点で価格が下落しますが、この価格差のことを新築プレミアムといいます。**新築プレミアムの割合は、物件価格の1〜2割程度になる**ことが多く、とくに一戸建の注文住宅だと割合が大きくなる傾向にあります。

注文住宅は個人の趣味嗜好が反映されがちなので、一般的な購入者のニーズに合っていないこともあり、設計時のこだわりに見合った市場価値が得られにくいです。よって、注文住宅は新築と中古で大きな価格差になりやすいです。

弊社のお客様でも、注文住宅を土地と合わせて3億円で建てて、3年後に1.7億円で売却したなんて事例もあります（ただし、建物はこだわり抜いた設計で非常にカッコよかったです）。

したがって、築浅の中古戸建は新築と比べてだいぶ割安に購入することができるので、新築にこだわらない人であればとてもオススメといえるでしょう。

築浅物件の買い方

「築浅の戸建なんてあまりないよ！」という話も聞きます。

では、築浅を購入するにはどうすればよいのでしょうか。

結論、信頼できる不動産会社に相談するか、不動産のポータルサイトで探すしかありません。不動産を探したことがある方はわかると思いますが、家探しは「夢と期待に満ち溢れた宝探し」の裏側に根気のいる地道な作業がつきものです。とくに希望のエリアまで絞ってしまうと築浅の物件が出る機会はそう多くないので、もし、希望のエリアで築浅の気になる物件を見つけた場合には多少、希望にそぐわない部分があったとしてもある程度妥協して購入することをオススメします。

築浅の中古戸建はとてもお得。

要点❶

新築物件は誰かが入居した時点で価格が下落する。

要点❷

注文住宅は新築プレミアムの割合が
大きくなりやすい。

要点❸

新築にこだわらない人であれば、
築浅の中古戸建はとてもオススメ。

悪魔のささやき

築浅の中古戸建はお得なんだな。

ねぇ。いろいろ考えたんだけど、やっぱり新築の注文住宅がいい！

うん、なんで？

12

戸建とマンションどっちがいいの？

～基礎知識～

▲
動画を鑑賞

戸建とマンション、どっちがいいとかある？

んー、悩むなぁ。

じゃあ軽く解説するね。

マイホームの購入を検討する際、戸建とマンションどちらにしようか悩まれる方もいるでしょう。単に戸建とマンションといっても様々な種類の物件があります。基礎中の基礎ですが、知識として頭に入れておくべきことを解説しましょう。

まず、戸建には間取りやデザインを自由にオーダーできる注文住宅と、土地と建物がセットで販売されている建売住宅があります。

注文住宅は、自分の好みで間取りや仕様などを決めることができますが、そのぶん価格が高くなります。一方、建売住宅は汎用性の高い間取りや仕様となっており、価格も抑えられる傾向にあります。

次に、マンションには新築分譲マンション、築浅中古マンション、築古のリノベーションマンションなどの種類が存在します。

新築分譲マンションは、デベロッパーが間取りやデザインに工夫を凝らして企画・建築したものです。ちなみに、新築と呼ぶためには建築して1年未満で、未入居に限ります。そのため、誰も住んだことがなく1年を経過した物件は未入居物件と呼ばれたりします。

築古のリノベーションマンションは室内をリフォームし、間取りや浴室やキッチン等の設備を一新したものです。とはいえ、リノベーションにも限界があります。例えば、1981年6月に耐震性に関する法律が見直されましたが、1室のリノベでは1棟全体の耐震性を改善することはできません。

耐震性について気になる方は購入前にマンションの「重要事項調査報告書」を確認して、「耐震補強の有無」や「耐震診断の有無」を確認しましょう。また、リノベーションマンションは不動産業者が売主になることが多く、その場合は、法律により工事の欠陥に関する責任（契約不適合責任）を最低2年は負ってくれることもポイントです。

戸建とマンションの基礎知識を頭にいれておこう。

要点❶

戸建には注文住宅、建売住宅がある。

要点❷

新築と呼ぶためには建築して1年未満で、未入居に限る。

要点❸

不動産業者が売主となる場合は契約不適合責任を最低2年負ってくれる。

悪魔のささやき

とりあえず、こんな説明だよ。

そんなドヤ顔で知識を披露しないでくれる？

うん、なんで？

13

戸建とマンションどっちがいいの？

～戸建のメリット・デメリット～

▲
動画を鑑賞

戸建とマンションの基礎知識は分かってくれた？

ある程度ね。じゃあ結局どっちがいいの？

マイホームを購入する場合、戸建とマンションどちらがいいのでしょうか？

結論、個人の好みや価値観によって変わるので明確な正解はありません。それぞれのメリットとデメリットを簡単に解説するので、自分自身でどちらがいいかを判断しましょう。

まず、戸建の主なメリットは、①庭や駐車場を設けやすい、②土地を資産として子どもに引き継ぐことができるなどがあります。一方デメリットは、①リセールバリューが悪い、②建物の維持管理を自分でやる必要がある、③バリアフリーじゃない、などが挙げられます。

次に、マンションの主なメリットは、①立地や眺望に優れる、②売却にかかる期間が比較的短い、③管理会社がいるので管理が楽、などがあります。一方デメリットは、①騒音が起きやすい、②子どもの代に土地が残らない(共有の土地は残ります)、③戸建と比較すると部屋が狭くなってしまう、④ランニングコストがかかるなどが挙げられます。

項目ごとに比較すると次のとおりです。

	戸建	マンション
リセールバリュー	×	○
立地	△	○
売却にかかる期間	△	○
資産の引継ぎ	○	×
建物管理の楽さ	△	○
広さ・駐車場の確保	○	△
ランニングコスト	○	△

それぞれのメリットとデメリットを理解したうえで物件を購入しよう。

要点❶

戸建のメリット・デメリットの整理。

要点❷

マンションのメリット・デメリットの整理。

悪魔のささやき

メリットとデメリットを知ったうえで、好きな方を選ぶのがいいんだって。

マイホームならなんでもいいよ。

うん、なんで？

14

戸建のメリットがヤバすぎる

▲
動画を鑑賞

戸建のメリットを具体的に知りたい！

じゃあ、不動産鑑定士に解説してもらおう。

戸建の主なメリットは下記の2つです。

①庭や駐車場を設けやすい（自由度が高い）
②土地を資産として子どもに引き継ぐことができる

①庭や駐車場を設けやすい（自由度が高い）

多くの戸建は駐車場が確保でき、広さ次第では庭を確保することも容易です。クレヨンしんちゃんの家がいい例ですね。子どもがいれば庭遊びができますし、多少なら走り回ることもできるでしょう。玄関を出れば、すぐに乗車することができる点も快適です。マンションだと、専用庭がある物件は限られますし、敷地内で駐車場を確保できないケースも散見されます。

ですので「庭がほしい」や「駐車場は敷地内に絶対ほしい」という方には戸建をオススメします。また、戸建は基本的に土地と建物が100％自分のものなので、自由度が高いです。

例えば、建物が古くなった時に、リフォームするか建て替えるか現状維持か、自分の好きなタイミングで好きな選択肢を選ぶことができます。また、注文住宅であれば、完全に自分好みの内装・外装、間取りで家を造ることができるので、マイホームに憧れている方にとっては、最高に特別感・所有感を高めてくれるでしょう。

②土地を資産として子どもに引き継ぐことができる

戸建の場合、建物がなくなっても最低限、土地は残ります。マンションも共有持分の土地が残りますが、戸建の方が土地建物のうち、土地の割合が大きいので、残った土地だけの価値を見ると戸建に軍配があがります。

ですので、自宅を子ども世代、孫世代に残していきたいという方は絶対戸建がオススメです。

子どもとしては建物を建てる際に土地代がかからないのは非常にありがたいですよね。弊社のお客様にも「土地を持つ家系にしたい」という理由で戸建を選択される方がよくいらっしゃいます。

戸建は広い、土地が残る というのが大きなメリット

要点❶

戸建は庭や駐車場が設けやすい。

要点❷

土地を代々引き継ぐことができる。

悪魔のささやき

土地を代々引き継げるのは戸建ならではだよね。

そんな先のことまで考えたくない……。

うん、なんで？

15

戸建のデメリットがヤバすぎる

▲
動画を鑑賞

じゃあ、戸建のデメリットは？

これも不動産鑑定士に解説してもらおう。

戸建の主なデメリットは下記の3つです。

①リセールバリューが悪い
②建物の維持管理を自分でやる必要がある
③バリアフリーじゃない

①リセールバリューが悪い

とくに注文住宅は、建てた人の趣味嗜好やこだわりが強いので、市場に出しても買った金額以下でしか売れません。ほとんどの物件は買った瞬間に1～2割もしくはそれ以上価値が下がります。

例えば、外壁がピンク色だったり、部屋のひとつが茶室だったりなど、こだわりが強い少し変わった建物を想像してください。

この家主が「去年5,000万円かけてピンクの建物を建てました！　これから4,800万円で売りに出します。安いから売れますよね！」と考えても買い手は見つからないでしょう。

実際に弊社であった事例では、3億円で注文住宅を買ったお客さんが、3年後に1.7億円でしか売れなかった事例がありました。これは少し極端な事例ですが、とくに総額が大きい注文住宅はこうなるパターンが多いので注意してください。

建売住宅の場合も、買った金額以上で転売できる物件はなかなかないので、「購入後転売して儲けよう」と考えている方は、戸建を買うのはやめましょう。

②建物の維持管理を自分でやる必要がある

基本的に、マンションは管理会社が管理をしてくれるので、共用部の定期清掃や修繕は計画的に実施してくれますが、戸建は全て自分で管理する必要があります。外壁・屋根の修繕、植栽や雑草の手入れなど、オーナーが自分で考えて発注する必要があります。

「不具合が出たら建ててくれたハウスメーカーに丸投げすればいいでしょ」と思うかもしれませんが、相場の1～2割以上高い見積もりが出てくることが多いので要注意です。

その時に「どの業者に頼もうか？」「どこが安いだろう？」といったことを考える必要が出てくるため、意外に手間と時間がとられます。不動産の知識がつくという意味ではよいかもしれないですが、購入後にこういったことを考えたくない方は、マンションがオススメです。

③バリアフリーじゃない

やはり、高齢になってくると階段の昇り降りがキツくなるので、平家（ひらや）じゃない限り、戸建での生活は窮屈に感じてしまいます。

中には1階だけで生活されている高齢者や戸建を売ってマンションに買い替える方もいるくらいなので、老後の資金が心配な方は、最初からマンションを購入することをオススメします。

また、戸建でもホームエレベーターや階段昇降機を付けることができますが、エレベーターの設置代で数百万円かかったり、スペースがなくて、そもそも設置できなかったりする場合があるので、そういった点からも戸建は高齢者に優しくないと言えるでしょう。

「戸建の修繕はどのくらいの期間で行うのがよいの？」
　という質問をよく受けるので、国土交通省が発表している各部位の交換周期を明示します。ただし、あくまで目安です。
　自分で住んでいると「まだまだ使えるし、お金がもったいないから交換しなくていいや」となってしまうのが実情ですよね（泰道の実家の屋上（屋根）は30年頑張った結果、昨年漏水が発生して大変なことになりました）。

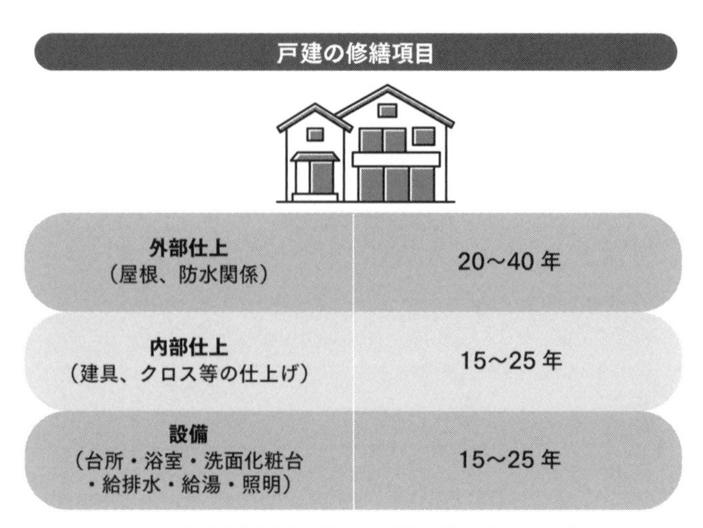
戸建の修繕項目

項目	期間
外部仕上（屋根、防水関係）	20〜40 年
内部仕上（建具、クロス等の仕上げ）	15〜25 年
設備（台所・浴室・洗面化粧台・給排水・給湯・照明）	15〜25 年

参考：国土交通省「期待耐用年数の導出及び内外装・設備の更新による価値向上について」

リセールバリューを気にしたり、管理の手間が面倒な人は、戸建はオススメしない。

要点❶

戸建のリセールバリューは悪い。

要点❷

戸建は自分で管理をしないといけない。

要点❸

戸建は老後がキツい。

悪魔のささやき

でも、戸建も魅力的だなぁ。

分かるよ。

そっか！　維持管理とかは全部あんたに任せればいいんだ！

うん、なんで？

16

マンションのメリットがヤバすぎる

▲
動画を鑑賞

マンションのメリットを具体的に知りたい！

じゃあ、不動産鑑定士に解説してもらおう。

マンションの主なメリットは下記の3つです。

①立地や眺望に優れる
②売却にかかる期間が比較的短い
③管理会社がいるので管理が楽

①立地や眺望に優れる

都心や主要都市の場合、駅近にある住宅のほとんどがマンションで、とくに「駅直結」などはマンションの特権です。逆に戸建は駅から徒歩10分以上の立地にあることが多く、一般的に戸建よりも立地に優れます。

また、高層階を購入すれば素晴らしい眺望が手に入るのも、マンション特有のメリットです。例えば、東京タワーが見えるというだけで、同じマンションでも価格が1割以上変わることもあります。それだけ、眺望を重視する層がいるということですね。

②売却にかかる期間が比較的短い

一般的にマンションは戸建よりも販売期間が短い傾向にあります。主な理由は、マンションの方が立地に優れること、また、内装・外装、間取りなどの汎用性が高いからです。

マンションデベロッパーは1棟建てるたびに、何十、何百戸もの住戸を売り捌く必要があるので、売れ残りが生じないようできるだけ万人受けする建物を造ろうとします。万人受けするぶん、必然的に需要も高くなるので中古でも売却しやすくなる傾向にあります。それゆえマンションの方が資産性に優れているのです。

逆に戸建住宅、とくに注文住宅の場合は、オーナーのこだわりや個性が出てしまいがちなので、適正な価格でも販売期間が長くなる傾向にあります。

③管理会社がいるので管理が楽

約9割のマンションが建物管理を管理会社に全部委託しており（出典「国土交通省　マンション管理の制度と今後のマンション政策について」）、共用部で何かしらのトラブルが起きても、管理会社へ連絡すればワンストップで対応してくれるという便利さがマンションにはあります。

また、日頃の建物管理・修繕の細かい計画内容を管理会社から提示してくれるのでとても楽です。そのぶん、管理費を毎月支払う必要がありますが、共用部が常に清潔に保たれることやワンストップで対応してくれることを考えると、大きなメリットと言えるでしょう。

鑑定士は戸建とマンションどっちを選ぶの？

結局、不動産鑑定士はどちらを選ぶのか気になる方もいるでしょう。

周りの鑑定士は、戸建を買った人、マンションを買った人、両方います。

ただ、あくまで私の周りの鑑定士の話ですが、首都圏だとマンションを買っている方が多い印象です。

買った理由も、資産性に優れる、駅が近くて便利といった理由が多かったですね。また、普段車に乗らないため、戸建のメリットをそこまで享受できないといった理由もありました。

ちなみに、資産性を重視すると、「お金持ちが好むエリアでマンション購入」が一番理想だなと考えます。

そういったエリアは、経済が多少不安定になったとしても、他の不動産と比べて価格が堅調に推移しやすいからです。

ただし、価格が2～3億円超のことが多いので、そこにたどり着くのは至難の業ですが……。

売却しやすい、好立地、管理が楽というのが大きなメリット

要点❶

マンションは汎用性が高く売却しやすい。

要点❷

高層階の眺望や駅前立地はマンション特有のもの。

要点❸

管理会社がいるので管理が楽。

悪魔のささやき

駅近の方が出勤楽でいいよな。

私、専業主婦になるから関係ない。

うん、なんで？

17

マンションのデメリットがヤバすぎる

▲
動画を鑑賞

じゃあ、マンションのデメリットは？

これも不動産鑑定士に解説してもらおう。

マンションの主なデメリットは下記の4つです。

①騒音が起きやすい
②子どもの代に共有の土地しか残せない
③戸建と比較すると部屋が狭い
④ランニングコストがかかる

①騒音が起きやすい

ご存知の通り、マンションは壁・床・天井を挟んで上下左右に人が住んでいるので、騒音は感じやすいです。もちろん、壁・床・天井の遮音等級によって、騒音の大きさは変わってきますが、壁1枚挟んで人がいるため、騒音を完全にゼロにすることは難しいです。

また、できるだけ静かにしないといけないという意識が働きやすいので、それがストレスに感じる人もいるでしょう。

以前、某大手の不動産会社が運営する賃貸マンションへ内見に行ったところ、YouTuberは審査が厳しくなると言われました。担当者いわく、YouTuberは撮影時の騒音トラブルや炎上リスクがあるからとのこと。不動産鑑定士としての仕事がメインなのに……世知辛い世の中です。

②子どもの代に共有の土地しか残せない

マンションの場合、土地は区分所有者全員で共有するため、それぞれの区分所有者が持つ土地の共有持分というのは大して価値がありません。

また、戸建であれば建物の建替えは比較的容易ですが、マンションはなかなか難しいのが現状です。国土交通省によると、マンション建替の実施状況は2004～2023年で282件(約2万3,000戸)しかなく、築40年以上のマンションのうち約2%しか建て替えできていないのが現状です（出典「国土交通省　築40年以上のマンションストック数の推移」)。

したがって、戸建であれば、土地は半永久的に次世代に残すことができますが、マンションは次世代に残すことはできず、子どもの代で売り払うことが多くなるでしょう。

③戸建と比較すると部屋が狭い

一般的に戸建の広さは100㎡程度ありますが、マンションだと60～75㎡程度がボリュームゾーンです。

昨今はマンション価格が高騰していることを背景に、一戸当たりのマンション価格を抑えるため、新築分譲マンションの広さは年々小さくなっています。

2001～2017年の契約者全体の平均専有面積は70～75㎡程度でしたが、2023年は64.7㎡と過去最小となっています（出典「リクルートMS　2023年首都圏新築マンション契約者動向調査」）。

④ランニングコストがかかる

マンションは管理費・修繕積立金、あと駐車場も契約するとそれなりに毎月の出費がかかります。駐車場は契約しない限りお金はかかりませんが、契約すると敷地内とはいえ、周辺の相場と同じような駐車場代を支払う必要があるので、お財布に優しくありません。

なお、築年数が古いマンションには「管理費・修繕積立金の着服（横領）リスク」なんてものもあります。
マンションの共有財産である管理費や修繕積立金等の組合財産は管理組合に任せっきりになっているところも多いです。

そのようなマンションでは、管理会社が管理費・修繕積立金を管理しているふりをして着服する事件も毎年のようにあります。「うちは大手の管理会社だから安心」と思った方は少し注意が必要です。管理会社は大手、中小に限らず様々なところで事件が発生しています。大手でも担当者が着服するケースがあるのです。

マンショントラブル

令和6年2月22日

会社名：日本ハウズイング株式会社

処分理由：被処分者が管理事務を受諾している複数の管理組合において、管理組合財産を、被処分者の元従業員が窃取により毀損し、当該管理組合に損害を与えた。

令和4年11月22日

会社名：株式会社東急コミュニティー

処分理由：被処分者が管理事務を受諾している管理組合において、管理組合財産を、被処分者の元従業員等による着服により毀損し、当該管理組合に損害を与えた。

令和4年3月30日

会社名：日本総合住生活株式会社

処分理由：被処分者が管理事務を受諾している管理組合において、管理組合財産を、被処分者の元従業員による着服により毀損し、当該管理組合に損害を与えた。

築古のマンションを扱っている管理会社にヒアリングしたところ、管理組合と管理会社とのトラブルは10棟に1棟くらいはある印象とのことでした。実は……かくいう泰道もマンションの理事長を担当して、管理会社や入居者とのトラブルで既に5件ほど訴訟をしていたりします。

騒音トラブル、土地が残らない、戸建よりも狭小、ランニングコストがかかるということが大きなデメリット。

要点❶

マンションの建替えは難しい。

要点❷

マンションの広さは年々狭くなっている。

要点❸

YouTuberは賃貸の審査が厳しい。

悪魔のささやき

それぞれのメリット・デメリットを見て、自分に合った方を買わないとな。

じゃあ、マンションと戸建どっちも買えば、解決じゃん！

うん、なんで？

18

お墓の隣に住んでみた

▲
動画を鑑賞

このマンション、駅近なのに安くていいね。

本当だ。隣に墓地があるからかな……？

それだけで、こんなに安くなる？　てか、そもそも、マンションの価格ってどう決まるんだ？

マンションの価格はどのように決まるのでしょうか？

もちろん、需要と供給のバランスによって決まるのですが、不動産鑑定士が価格を決める場合、原価法、取引事例比較法、収益還元法の適用を検討して、あれをこうして、これをあれして……とても長い説明が始まってしまうので、ここでは、重要度の高い取引事例比較法の説明をします。

取引事例比較法を嚙み砕いて説明すると、あっちのマンションはあの値段で売れているから、このマンションはこの値段だろうという手法です。実際には数多の事例を収集したうえで、細かく比較しながら価格を査定していきます。

具体的にどのような物差しで測られているのか、マンション事例を比較する際の良い要因（増価要因）と悪い要因（減価要因）を見ていきましょう。

分譲マンションの増減価要因をまとめると以下のとおりです（もちろん、これらが全てではないので、悪しからず）。

よく「過ぎたるは及ばざるが如し」なんていいますが、同じ要因でも増価要因にも減価要因にもなる場合があることに留意しなければいけません。例えば、前面道路でも狭すぎると使いにくいですし、広すぎると交通量が多くなり騒音等が引き起こされます。

		増価要因	減価要因
土地	最寄り駅距離	•徒歩5分以内	•徒歩15分以上
	周辺環境	•利便施設(日用品店舗、医療施設等)が近い •学区が良い •高級住宅地としてのブランド	•大規模工場や汚水処理場、火葬場等が近い •治安が悪い •前面道路幅員が狭い(車の取り回しが難しい) •幹線道路に近い(騒音•振動)
建物	築年	•新築	•築古(建物の経年劣化、修繕積立金の不足等)
	階層	•最上階、高層階(眺望)	•低層階
	配置	•角部屋＞中部屋(日照、通風)	•部屋の配置が悪い(廊下のクランク等)
	開口部	•南＞東＞西＞北(日照)	—
	ブランド	•有名ブランド、ハイクラスシリーズ	—
	付帯設備	•共用設備(コンシェルジュ、プール、フィットネスルーム、ゲストルーム等) •駐車場(平面駐車場＞機械式駐車場)	—

以上のことを踏まえて、墓地が隣にあるマンションはどうでしょうか。

一般的には、気味が悪い、縁起が悪いといった心理的嫌悪感を抱く傾向にあるため、減価要因となります。賃貸ならまだしも一生に一度のマンションの購入となれば、不安要素はできるだけ避けたいと思うのが普通でしょう。
　一方で、隣に墓地があるという要因のよい部分を挙げると、採光や眺望を確保しやすいことです。たまに、隣地に高層建物が建築され、眺望が損なわれた話を耳にしますが、墓地であればそういった可能性は低いでしょう。

「幽霊なんて信じない！　けど気になってしまう……」そんな方にはオススメできませんが、気にならない方にとっては、高層建物が建たないというメリットがあり、多少安くなるというお値打ち商品なのかもしれません。

　長所は短所、短所は長所ともいいますし、デメリットばかり挙げて減点方式で物件を選ぶとなかなか物件は決まりません。そんな時はすこし角度を変えて見てみると、案外よい面が見つかるかもしれません。

お墓が隣にあるのは基本的に減価要因。ただし、採光や眺望を確保できるというメリットも。

要点❶

同じ要因でも増価要因にも減価要因にもなる場合がある。

要点❷

不動産鑑定士がマンションを査定する場合、周辺マンションの増減価要因を全て洗い出したうえで比較する。

悪魔のささやき

正直、お墓が隣にあっても気にならないから、ここ買おうか！

あっ、ここ「告知事項あり」になってる。だから、やたら安いんじゃない？

うん、なんで？

章末コラム②

著者が実践した鑑定士試験の勉強法

中瀬は2018年度の論文式試験に合格しました。ちょうどこの頃から暗記色の強い試験（とくに鑑定理論）になった印象です。具体的な勉強方法は次のとおりです。

短答式試験は過去問をひたすら回していました。合計10周程度したかと思います。次に論文式試験ですが、科目別に言うと、鑑定理論はひたすら基準暗記していました。理解も重要ですが、基準暗記していれば自然と理解が深まります。演習はひたすら問題演習をしましょう。民法は問題提起、規範定立、結論を理解したうえで、定義の暗記をするのがオススメです。会計は定義の暗記、経済学は理解をメインに進めましょう。勉強時間の割合としては、鑑定理論50％、民法25％、会計学15%、経済学5%、演習5%のイメージで勉強していました。結果的にもこの時間配分で問題ありませんでした。

この試験は鑑定理論ができないと受からないと言っても過言ではありません。逆に言えば、鑑定理論ができれば大きくアドバンテージが取れます。

鑑定理論は実務でも使うので、絶対的に時間を割くようにしましょう。

03 売却

19

不動産を一括査定してみた

▲
動画を鑑賞

一括査定サイト使ったら、いっぱい連絡きたよ！

本当だ。

じゃあ、この一番高く付けてくれた業者にお願いするね！

う、うん（でも、本当にこの価格で売れるのか？）。

　不動産一括査定サイトを利用すると、簡単に複数の不動産業者から査定結果を入手でき、その結果、高い金額で売れると言われています。

　では、高い金額を提示してくる業者にお願いするのが正解なのでしょうか。結論、違います。**多くの場合、一番高い金額では売れないからです。**

　不動産一括査定サイトで査定した価格は、業者の買取価格ではないので、必ずしもその価格で売れるとは限りません。

　では、売れないのに何のために高い金額で査定してくるのでしょうか？　それは売却物件を預かりたいからです。

不動産業者は売却物件を預かること（**媒介契約を結ぶこと**）が大事なので、査定時に高い金額を出して預かってもらえればOKと考える業者もいます。そういった業者は最初に高い金額で預かり、徐々に「売れ行きがよくない」「反響が全然ない」という理由で値下げ交渉してきます。不動産業者の中には**「高い金額で預かって、値下げしてからが商品だ」という名言**があるくらいです。

したがって、**不動産一括査定サイトは相場感を把握する**ために使いましょう。

なお、査定価格の根拠を業者に教えてもらうことも有効手段です。

不動産業者は周辺の成約事例なども見ることができるので、本来であれば査定根拠も提示できます。逆にそれを渋るような業者は、テキトーに査定しているといえるでしょう。

高い金額を提示されても、その金額で売れるとは限らない。

要点❶

不動産一括査定サイトで査定した価格は、
業者の買取価格ではない。

要点❷

一括査定サイトは相場感を把握するために使おう。

要点❸

査定根拠を業者に教えてもらおう。

悪魔のささやき

高い金額で売れるとは限らないんだってさ。

文句ばっかり言わないでくれる!?

うん、なんで？

20

不動産の囲い込みがヤバすぎる

〜両手仲介、片手仲介〜

▲
動画を鑑賞

（叫）

どうしたの？

**なんか、不動産売りに出してるんだけど、
なかなか売れないんだよね。**

もしかすると、囲い込みされている可能性あるよ？

囲い込み？

囲い込みとは、売却依頼を受けた不動産仲介業者（元付業者）が、自社のみで売買の取引を完結させるため、物件を意図的に他社に紹介しない行為をいいます。

囲い込みがされる理由は、元付業者が買主を見つければ、売主・買主の両方から仲介手数料を貰える、いわゆる「**両手仲介**」ができるからです。

両手仲介をすれば報酬が倍になるので、一部の業者は平気で囲い込みをしてきます。

囲い込みをされると、買い手が見つかりにくくなり、売却まで時間がかかります。最悪の場合、本来買い手がいるのに値下げを提案されることも……。つまり、囲い込みは売主にとって損でしかないのです。

囲い込みのデメリット

- 希望通りの金額で売れなくなる場合がある
- 販売期間が長くなりやすい

「両手仲介」「片手仲介」とは

不動産会社は売買契約が成立すると売主（または買主）から仲介手数料という報酬を受け取ります。この仲介手数料は、1回の取引で売主が不動産会社に払う「売主側仲介手数料」と買主が不動産会社に支払う「買主側仲介手数料」の2種類発生します。

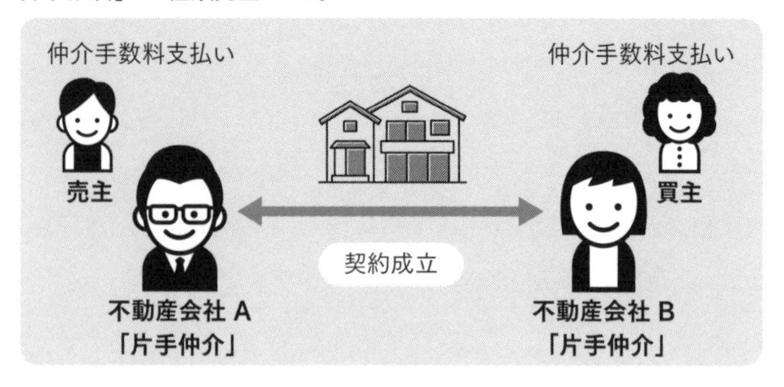

この時、売主が売却依頼している不動産会社が買主も見つけてきた場合には、売主と買主の両方から仲介手数料をいただけるので「両手仲介」といいます。一方、他の不動産会社が買主を見つけてきた場合には各不動産会社に仲介手数料が支払われるため「片手仲介」といいます。

囲い込みには注意しよう。

要点❶

囲い込みは売主にとって損。

要点❷

「両手仲介」「片手仲介」がある。

要点❸

一部の業者は両手仲介するために、
未だに囲い込みをしている。

悪魔のささやき

囲い込みについて、分かってくれた？

俺より頭悪いくせに……。

うん、なんで？

21

不動産の囲い込みがヤバすぎる

～囲い込みされたらどうなる？～

▲
動画を鑑賞

囲い込みについてもっと知りたい！

じゃあ、具体例を使って、不動産鑑定士に解説してもらおっか！

前回のパートでは不動産の囲い込みについて説明しました。

皆さんが不動産の売主になったと仮定して、囲い込みの実態を具体的に解説していきましょう。

◆登場人物◆

- 皆さん（売主）
- 悪太郎不動産
- 桃太郎不動産
- 買主（購入検討者）

一般的な不動産売却の流れ

皆さん（売主）が悪太郎不動産に不動産の売却を依頼した場合、基本的に別の不動産業者、今回でいうと桃太郎不動産がレインズ（※）を見て、お客様と不動産の内見を行います（悪太郎不動産に問い合わせた客が内見する場合もありますが、ここでは割愛）。

物件金額4,000万円

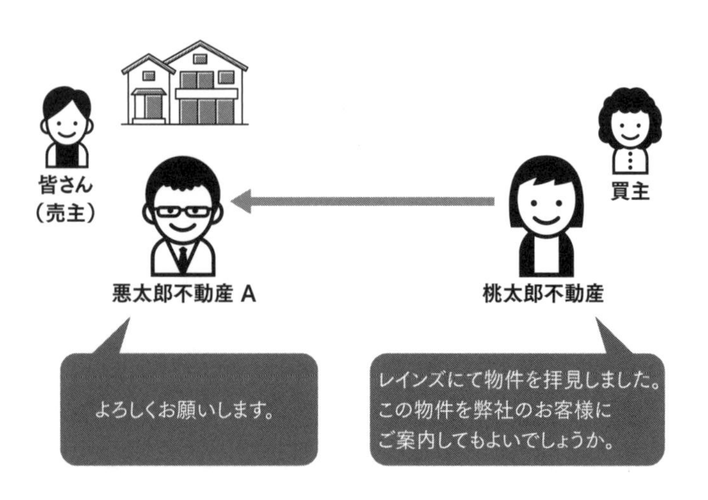

ここで売買契約が成立すると、仲介手数料は皆さん（売主）から悪太郎不動産へ最大126万円（4,000万円×3%+6万円（税抜））、買主から桃太郎不動産に最大126万円（税抜）が支払われます。

囲い込みをした場合の流れ

ここで悪太郎不動産が囲い込みを企んだとします。

すると、桃太郎不動産から問い合わせが来ても、「今、他のお客様と商談中です」「売主の都合で室内は内見できません」などと言い、桃太郎不動産からの問い合わせを拒否するのです。

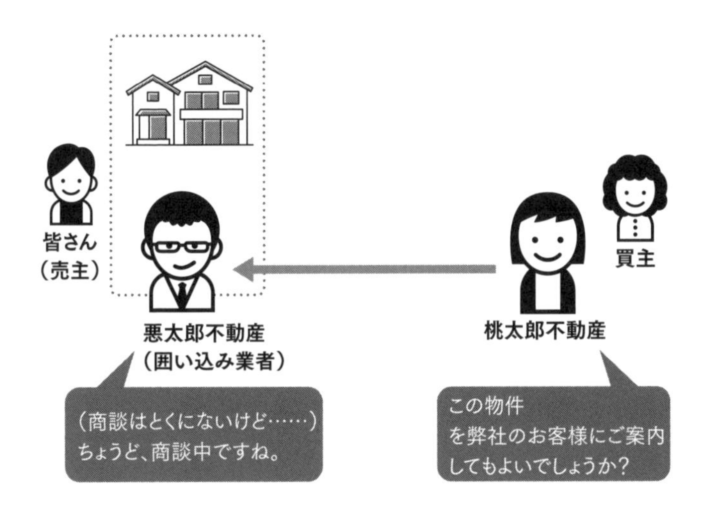

この場合、必然的に買主が見つかりにくくなるので、販売期間は長くなります。そんな中、悪太郎不動産に問い合わせをしてきた客が3,500万円で購入したいと連絡がきます。すると、悪太郎不動産は皆さん（売主）に「3,500万円で購入希望者がいるのですが、いかがでしょうか。問い合わせも少ないので値下げも検討されてみては？」などと言い、それに納

得してしまった売主は、当初の価格よりも低い金額で売買契約を締結してしまいます。こうすれば、悪太郎不動産は本来片手の仲介手数料が最大126万円（税抜）だったところ、両手で最大222万円（税抜）手に入るわけです。

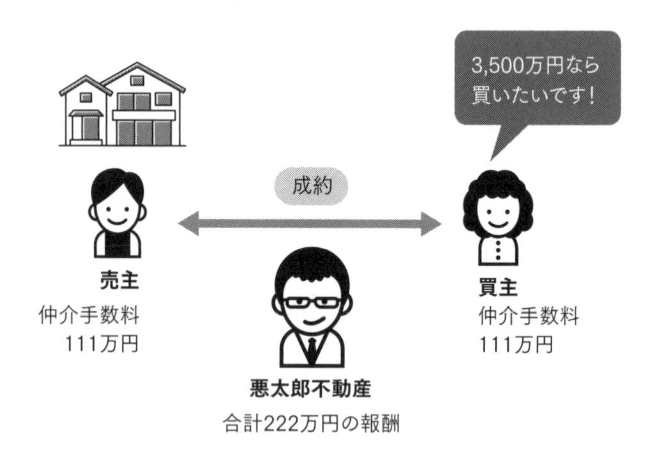

なお、囲い込みを証明することは難しいのが現状です。

そのため、看板やレビューを見ただけでは囲い込みするかどうかは判断できないのが実情です。

ちなみに、桃太郎オフィスは2024年6月時点で登録者67万人超のYouTuberでもあり、炎上リスクがあるため、囲い込みのような違反行為が絶対できません。

どうしていいか分からない方はぜひご連絡ください。

※レインズ……不動産業者しかアクセスできない不動産の流通情報サイト。全国の売物件などの情報がここに集約されます。

囲い込みには注意しよう。

要点❶

囲い込みの具体例。

要点❷

囲い込みの証明は難しい。

要点❸

不動産を売る時は信頼できるところで。

悪魔のささやき

囲い込みの具体例について分かってくれた？

黙れ三次元。

うん、なんで？

22

媒介契約はどれがいいの？

▲
動画を鑑賞

家を売る時ってどうすればいいの？

不動産屋に行けばいいんじゃない？

でも流れを知っとかないと、不動産屋の都合いいようにされちゃうかもよ？

確かに。

不動産を売却する場合、基本的には次の流れで進みます。

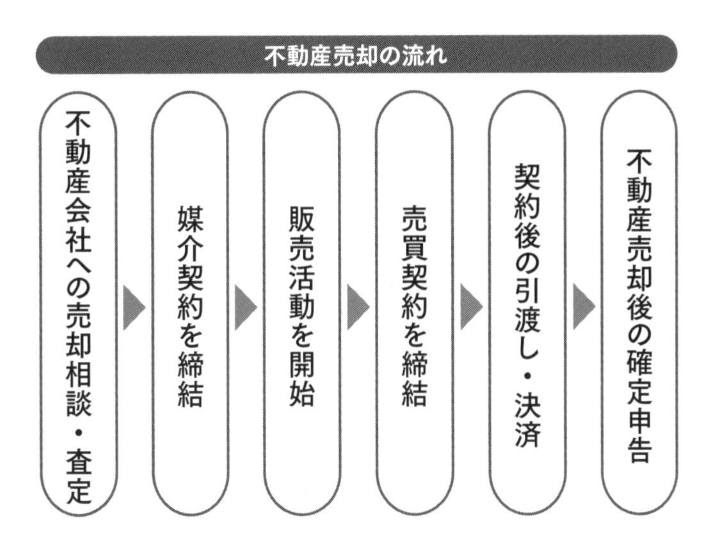

不動産売却で皆さんがとくに気をつけなければいけないSTEPは、２つ目の「媒介契約」です。

媒介契約とは、買主を探してもらうために、不動産業者と売主の間で結ぶ契約です。この媒介契約には、**①一般媒介契**

約、②専任媒介契約、③専属専任媒介契約の3種類あります。

主な違いは次の通りです。

項目	一般媒介契約	専任媒介契約	専属専任媒介契約
契約期間	法律上制限なし	3カ月以内	3カ月以内
複数の不動産会社と契約できるか	可能	不可	不可
販売状況等の報告義務	報告義務なし	2週間に1回以上	1週間に1回以上
依頼者自ら買主を発見発見した取引について	可能	可能	不可
レインズへの登録義務	義務なし	7日以内に登録	5日以内に登録

一番大きな違いは、複数の不動産会社と契約できるかどうかですが、果たしてどれが一番売主にとってよいのでしょう。

ネットでも様々な情報が溢れているので、売買経験のある不動産鑑定士として忖度なしの意見を述べたいと思います。

結論

- 初めて不動産を売却する方や不動産にそこまで詳しくない方は専任媒介契約。
- セミプロや不動産売却を何度も経験がある方には一般媒介契約。

次のパートで、その理由を説明していきます。

初心者は専任媒介契約、経験者は一般媒介契約がオススメ。

要点❶

不動産の売却の具体的な流れ。

要点❷

媒介契約とは、買主を探してもらうために、
売主と不動産会社との間で結ぶ契約。

要点❸

3つの媒介契約のうち、一番大きな違いは
複数の不動産会社と契約できるかどうか。

悪魔のささやき

媒介契約は3種類もあるんだな。

誰でも分かるようなことをいちいち
口に出さないでくれる？

うん。なんで？

23

一般媒介契約がヤバすぎる

▲
動画を鑑賞

オススメの媒介契約は分かったけど、理由が知りたい！

不動産鑑定士に聞いてみよう。

まずは、一般媒介契約について説明します。
メリット・デメリットは次の通りです。

	メリット	デメリット
一般媒介契約	・複数社と契約すれば囲い込みを防ぎやすい	・複数社に依頼すると業者とのやり取りが面倒 ・1社にしか頼まないと囲い込みをされてしまうケースがある

まずは一般媒介契約のメリットについてです。一般媒介契約は複数社に売却依頼ができるので、囲い込みを防ぐことができます（03売却　20、21参照）。

つまり、仮に1社が囲い込みをしていたとしても、他の会社がきちんと対応していれば、囲い込みによる損は発生しないということです。

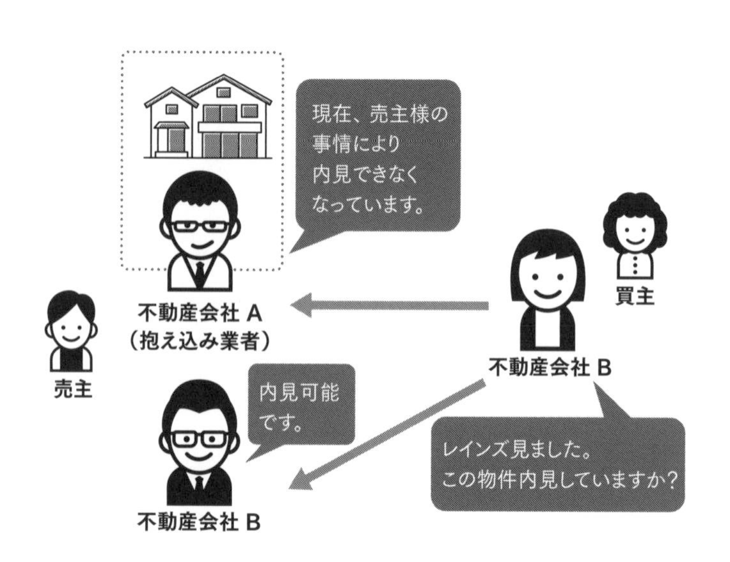

一方、デメリットもあります。複数社にお願いすると、例えば、募集価格を変更する時は、契約各社に連絡する必要があったり、媒介契約の更新時に1社ごと個別に更新書類を提出したりするなど、意外と手間がかかります。

また、多くの業者から連絡が入るため、慣れていない人は、それらが億劫に感じる方もいるでしょう。

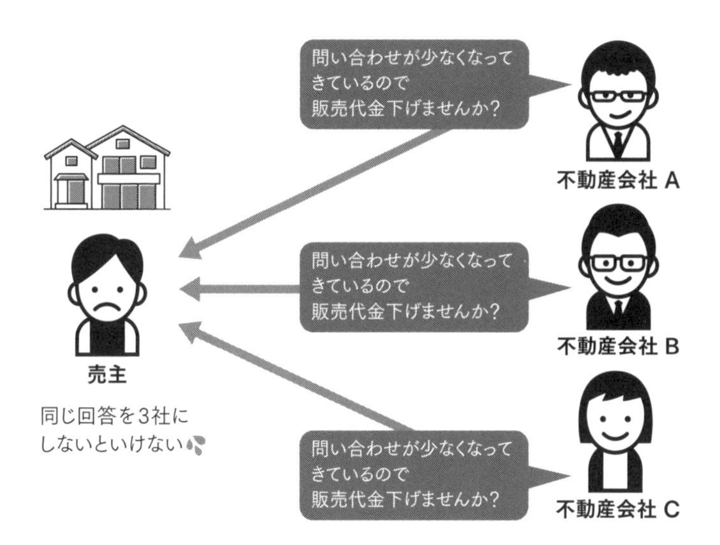

さらに、一般媒介契約の場合、売主から報酬がもらえない可能性があるので、営業パーソンのやる気が下がったり、会社によってはベテランの担当者がつかない、なんてこともあるようです。

なお、一般媒介契約で一番やってはいけないことがあります。**それは「1社にしか頼まない」ことです。**

一般媒介契約はレインズへの登録義務がないため、1社にしか頼まないと簡単に囲い込みができてしまいます。ですので、一般媒介契約を結ぶ時は絶対に複数の業者と契約するようにしましょう。

したがって、絶対に囲い込みを防ぎたい、多少の手間は覚悟できている、不動産売却の経験がある人は、一般媒介契約がオススメです。

絶対に囲い込みを防ぎたい、多少の手間は覚悟できている、不動産売却の経験がある人は一般媒介契約がオススメ。

要点❶

囲い込みを防げるのが一番のメリット。

要点❷

やりとりが面倒なのがデメリット。

要点❸

一般媒介契約をする時は、絶対に複数社に頼もう。

悪魔のささやき

業者とのやりとりが手間なのか……。

そうだね。

じゃあ、全部あんたが対応してくれたら、
それで解決だね！

うん、なんで？

24

専任媒介契約・専属専任媒介契約がヤバすぎる

▲
動画を鑑賞

残りの媒介契約についても知りたい！

不動産鑑定士に聞いてみよう。

専任媒介と専属専任媒介のメリット・デメリットは次の通りです。

	メリット	デメリット
専任媒介契約	・レインズの登録義務がある ・窓口が1つでやり取りが楽 ・売主への報告義務がある（2週間に1回以上）	・囲い込みのリスクがある
専属専任媒介契約	・レインズの登録義務がある ・窓口が1つでやり取りが楽 ・売主への報告義務がある（1週間に1回以上）	・囲い込みのリスクがある ・自分で買主を探すことができない

まずは専任媒介契約のメリットについてです。主に3つあります。

1つ目は、「レインズの登録義務がある」です。
レインズとは、不動産業者だけがアクセスできる日本全国の不動産流通データサイトのことで、これに物件情報を登録すれば、全国の不動産業者へ情報が拡散されます。

一般的に不動産業者はレインズを見ながら、購入検討者に物件を紹介するので、ここに登録されるだけで、ネットだけで出す場合と比べて、より一層売却されやすくなります。

2つ目は、「窓口が1つでやりとりが楽」です。
専任媒介は、販売を任せる業者が1社になるため、価格変更や更新手続きのやりとりは一般媒介の時よりも簡潔になります。

3つ目は、「売主への報告義務がある」です。
専任媒介契約は2週間に1度以上、現在の販売状況等を売主へ報告する義務があるため、その点も自分から動かなくて楽です。

一般媒介契約だと、こちらから質問をしなければ放置されることもありますが、専任媒介契約はそういった心配がありません。

これらのメリットを鑑みると、初めて不動産を売るような初心者の方にとっては専任媒介契約が一番オススメの契約と言えるでしょう。

一方デメリットは「囲い込みのリスクがある」です。

タチの悪い業者だと、売主の物件を囲い込みしてきます。

囲い込みをされると、売却期間が長引いたり、売却価格が下がったりすることがあるので、これだけは回避したいですよね。さらに、囲い込みは中小の業者に限らず、大手の業者でも平気でしてくるので、大手＝絶対安心というわけではありません。

逆にこの囲い込みリスクを排除さえできれば、手間のかかる一般媒介よりもオススメです。レインズの登録義務があって、窓口ひとつでやりとりができて楽ですからね。

したがって、信頼できる業者に専任媒介契約を締結するのが売主にとってベストな選択と言えるでしょう。

最後に、**専属専任媒介契約ですが、これは業者都合が過ぎるので論外です。**

メリット・デメリットの表を見比べていただくと分かりますが、専任媒介契約と比べると、「売主が自分で買主を探すことができない」というデメリットが1つ増えているだけです。

つまり、専属専任媒介は専任媒介より売主に対する縛りが強くなるだけなので、専任媒介契約で十分といえます。

なお、売主への報告義務は1週間に1回ですが、専任媒介契約でも、「1週間に1回報告してほしい」と業者に頼めば、基本やってくれるので、専任媒介と専属専任媒介のメリットはほぼ同じと言えます。

信頼できる業者に専任媒介契約を結ぶのがベスト。

要点❶

専任媒介契約は、①レインズの登録義務、②やりとりが楽、③売主への報告義務がメリット。

要点❷

タチの悪い業者だと囲い込みをしてくる可能性がある。

要点❸

専属専任媒介契約は論外。

悪魔のささやき

専任媒介は「初心者向きの契約」ってことか。桃太郎オフィスに頼んでみる？

私のこと「初心者」とか言わないでくれる？

うん、なんで？

25

不動産の買取チラシは気をつけろ

▲
動画を鑑賞

ポストにマンションの買取チラシが
入ってたよ！　高く買い取ってくれるって！

買取チラシか……。

ちょうど売ろうか迷ってたところだったし、
依頼してもいいんじゃない？

（これって、信用していいのか？）

マンションを購入したことがある方は、誰もがこのようなチラシを見たことがあると思います。

①このマンションの購入を希望しているお客様がいます
②高額査定
③このマンションを買い取ります

これらは不動産会社の営業トークだと思って真に受けないようにしましょう。

例えば、①「このマンションの購入を希望しているお客様がいます。」というチラシに問い合わせしたとしても、実際の購入者がいないため、内見の予約が入らないことも多いです。最悪の場合、不動産営業がアリバイ工作のために自分の友人を連れてくるなんてことも……。

②「高額査定」は相場よりも高い金額で「査定」するということです。査定金額＝売却できる金額ではないので注意しましょう。高い金額で売りに出したまま、1年以上ほぼ内見が入らないこともあります。とりあえず高い金額で査定して、売却依頼してもらい、徐々に販売金額を下げていけばOKという考えの不動産会社がいることに注意しましょう。

③「このマンションを買い取ります」については、場合によりますが、基本的に相場よりも低い金額でしか買い取ってくれません。買取金額は市場価格の7～8割程度といったところでしょう。ただし、全てが悪い場合でもありません。次の購入者が住めるような状態ではない物件（リノベーションが施されていない築古マンションなど）や、通常の販売では売るのが難しい物件（事故物件など）の場合は、そのまま市場に出しても売却しづらいケースが多いため、買取業者に買い取ってもらうことが得策です。

ですので、不動産の状態を加味したうえで、業者に売るのか、市場に出すのかを見極めることが重要となります。

不動産の買取チラシは
真に受けないように。

要点❶

業者の買取金額は市場価格の7～8割程度。

要点❷

不動産の状態を加味したうえで、業者に売るのか、
市場に出すのかを見極めることが重要。

悪魔のささやき

うすうす気づいてはいたけど、買取チラシは
ただの営業トークなんだな。

でも、うちのポストに入ってた業者は、直筆の手紙で
信用できそうだから、ここに依頼するね！

うん、なんで？

章末コラム③

鑑定事務所の新人時代で大変だったこと

著者の我々は、業界最大手の（一財）日本不動産研究所に勤めていました。

その新人時代で一番大変だったことは、シンプルに忙しいということです。

実務修習生のうちは、鑑定士としての署名ができないため、先輩鑑定士と一緒に仕事をします。しかし、基本的に案件のスケジュールがタイトなため、その間を縫って先輩と打ち合わせをしたり、実地調査の準備をしたり、とりまとめと先輩の板挟みになったりなど、大変でした。さらには案件がひと段落ついても、実務修習の作業もしないといけないので、振り返ると1年目が一番大変でしたね……。

ただ、あの経験がないと鑑定士としてのスキルは絶対上がらないと思うので、真面目にやっといてよかったなぁと、しみじみ感じます。

04
相続

26

税金対策でタワマン買ってみた

▲
動画を鑑賞

相続税対策のためにタワマン節税しようと思うんだが……。

タワマン節税？

タワマン節税とは、市場価値と相続税評価額の乖離を利用した相続税対策です。

タワマン節税は富裕層を中心に度々行われていましたが、今まで判例がなかったのでいわゆるグレーゾーンの節税方法でした。

しかし、2022年にタワマン節税に関する判例が出ました。
90歳のAさんは、約10億円を借り入れ、タワマンを2戸、合計約14億円で購入。

Aさんが死亡後、その相続人は本来2.4億円かかるはずだった相続税を0円で申告しました。一見よくあるタワマン節税に見えますが、極端すぎる申告だったため、国税も見逃せなかったのでしょう。結果、最高裁では高額かつ露骨なタワマン節税は認めないという判決になりました。

この判例が出たことにより税制が改正され、2024年1月以降は露骨なタワマン節税ができなくなりました。しかし、これはあくまで高額かつ露骨なタワマン節税ができなくなっただけで、不動産を購入することによる相続税対策は今でも可能です。

なお、相続税対策で不動産を購入する時は割高物件に注意しましょう。不動産を購入すれば通常、相続税対策になりますが、割高な不動産を購入すると相続税対策の意味がなくなってしまいます。

例えば、不動産を購入して相続税が500万円安くなっても、市場価値より2,000万円割高の物件を購入してしまうと実質1,500万円の損になるということです。

したがって、相続税対策で不動産を購入する時は、その不動産の募集価格が適正なのかを見極めることが一番重要と言えるでしょう。

相続税対策を考えている人は、税理士や不動産鑑定士などの専門家がいる業者に相談することをオススメします。

相続税対策で不動産を購入・建築する時は専門家へ相談。

要点❶

露骨なタワマン節税はもうできない。

要点❷

割高な不動産を購入すると、相続税対策の意味がなくなる。

要点❸

不動産相続に強い業者を選ぼう（それでも不安な方は桃太郎オフィスに）。

悪魔のささやき

なるほど。割高な物件を買うと元も子もないのか。

爺ちゃん、割高とか関係なくタワマンに住みたい。買って！

うん、なんで？

27

苗字変更した奴は金持ち

▲
動画を鑑賞

なんで苗字変わったの？

えっと、なんというか……。

皆さんの身近で、結婚してないのにいきなり苗字が変わったという人はいるでしょうか？

もしかすると、その人は資産家の家系かもしれません。

資産家一族が苗字を変える理由はズバリ、相続税対策です。

相続税対策のために「養子縁組」をし、その過程で苗字が変わる場合があります。

養子縁組とは、血縁関係があるかどうかにかかわらず、法律上の親子関係を作り出す制度です。この制度を利用すると、相続税対策ができる場合があります。

代表的な具体例は次のとおりです。中瀬桃太郎が母方の祖父母の養子になったとします。そうすることで、祖父母が亡くなった時、相続税の基礎控除額が上がり、さらには相続税率が下がる場合があります。

一方で、中瀬桃太郎は母方の旧姓を名乗ることとなり、籠谷桃太郎になりました。

一般家庭では、相続税が大してかからない場合が多いので、この手法が使われることはほぼありません。しかし、相続税対策を検討している富裕層の間でひとつの有効手段として利用されることがあります。

結婚してないのに急に苗字が変わった人はもしかすると、とんでもないお金持ちかも……？

なお、養子縁組をした結果、逆に相続税が増えてしまうケースもあるので、必ず専門家に相談しましょう。

養子縁組制度を利用した相続税対策がある。

要点❶

養子縁組とは血縁関係があるかどうかにかかわらず、法律上の親子関係を作り出す制度。

要点❷

養子縁組制度を利用することは相続税対策として有効だが、デメリットも。

要点❸

相続税対策は必ず専門家に相談しよう。

悪魔のささやき

もしかして、お金持ちなの？

いや、身近に同姓同名の人がいてややこしいから変えたんだよね。

うん、なんで？

28

サブリース契約のトラブルが多すぎる

～サブリース契約の基礎知識～

▲
動画を鑑賞

相続税対策でアパートを建てようと思うんだよね。

業者からサブリース契約を勧められなかった？

サブリース契約？

皆さんは「サブリース契約」といった単語を聞いたことがあるでしょうか。

アパート建築を検討したことがある人は、それを聞いた方がほとんどかと思いますが、不動産鑑定士が分かりやすく説明しましょう。

サブリース契約とは、アパートを不動産会社に一括で賃貸し、その会社が入居者に転貸(又貸し)するシステムのことをいいます。

通常、アパートを賃貸に出す時、オーナーと賃借人（入居者）の間で、一部屋ごとに賃貸借契約を締結します。

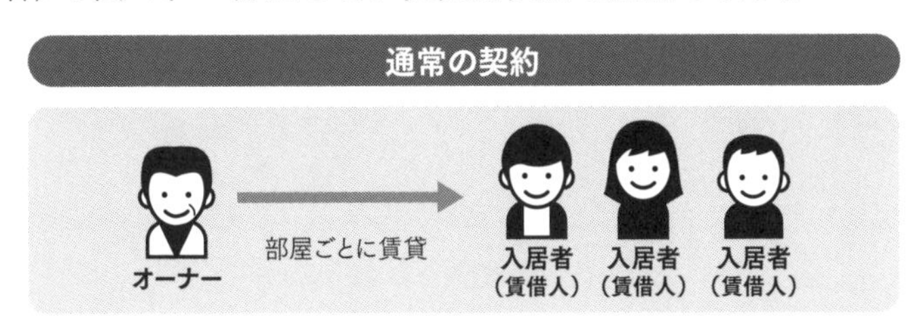

一方、サブリース契約を結ぶと、不動産会社がオーナーからアパートを全部屋一括で借り上げ、オーナーの代わりに入居者（＝転借人）に貸し出すことになります。

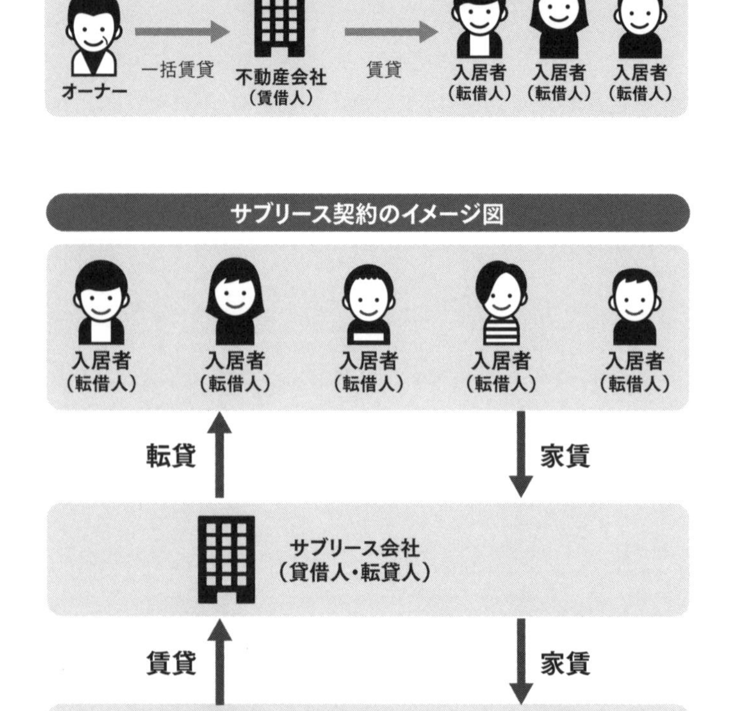

これらの主な違いは、オーナーと入居者の間にサブリース会社がいるか否かです。

通常の契約とは違い、サブリース契約を結ぶことで、「一定の家賃収入の保証」や「管理の手間がかからなくなる」などのメリットが挙げられます。

しかしながら、これらのメリットはアパート運営において、秀でたメリットとは言えません。少し掘り下げて解説していきましょう。

1つ目の「一定の家賃収入の保証」についてですが、これは次以降のチャプターで具体的な金額を用いながら説明するので、ここでは省略します。

次に、2つ目の「管理の手間がかからない」についてです。

確かに、サブリース契約を結べば、アパート管理（共用部の定期清掃や入居者のトラブル解決、家賃徴収、滞納者への督促、定期点検、設備修繕の手配など）をサブリース会社に任せることができるため、オーナーの負担はなくなります。しかし、サブリース契約「特有」のメリットとは言えません。

なぜなら、アパートを運用する場合、通常は一般管理契約を結び、管理業務を不動産会社（管理会社）へ委託することがほとんどだからです。

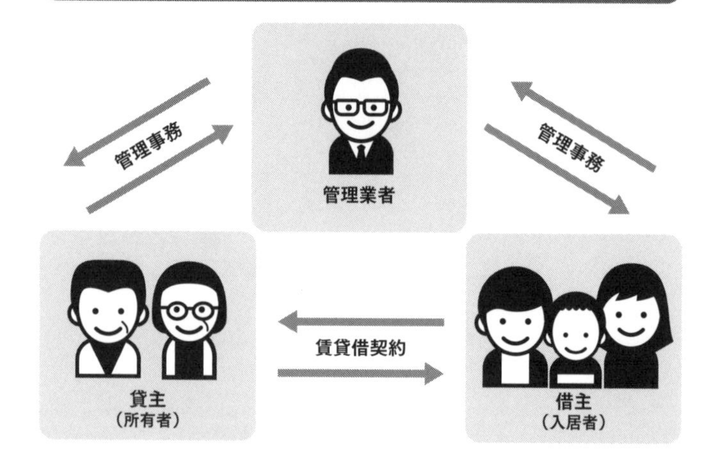

つまり、サブリース契約を結ばなくても、一般管理契約を結んでしまえば、オーナーの手間はかからなくなります。

不動産会社からサブリース契約を提案される時に、「定期点検や入居者トラブルなどの対応は全てうちで引き受けますよ」と言われることがあるかもしれませんが、一般管理契約で事足ります。

なお、費用面についても基本的に心配ありません。**手残りの収入で考えると、サブリース契約よりも一般管理契約を結んだ方がお得になります。**具体的な金額については、次以降のチャプターでお話しします。

サブリース契約を結ばなくても、一般管理契約を結べば管理の手間は省ける。

要点 ❶

アパートを運用する場合、管理会社と一般管理契約を結び、管理業務を委託することが多い。

要点 ❷

「管理の手間がかからないこと」はサブリース契約「特有」のメリットではない。

悪魔のささやき

一般管理契約でも、管理の手間を省けるんだね。

節約のために、あんた1人でアパートを管理してくれない？

うん、なんで？

29

サブリース契約のトラブルが多すぎる

～サブリース会社が話さない、
5つの落とし穴～

▲
動画を鑑賞

サブリース契約はトラブルが多いって聞いたんだけど、本当？

不動産鑑定士に聞いてみよう。

サブリース契約は、不動産会社が一括で借り上げてくれるため、「一定の家賃収入の保証」や「管理の手間がかからない」などのメリットが挙げられます。しかし、そのメリットよりもデメリットの方が大きいという落とし穴があります。

サブリース契約の落とし穴は次の５つです。

①礼金、更新料、敷金等はオーナーに入ってこない

通常、上記の収入はオーナーに入ってくるものですが、サブリース契約を結ぶと、不動産会社（サブリース業者）に入ってしまいます。

②修繕工事業者はサブリース業者に指定される場合がある

建物を修繕する時、依頼する工事業者はできるだけ安い業者やオーナーの好きな業者に依頼したいものです。しかし、サブリース契約では工事業者が指定される場合があり、しかもその工事費が相場よりも高くなってしまうケースが多々あります。工事費は相場の1〜1.5倍程度となるでしょう。「安い工事業者を見つけたからそっちに依頼する」と言っても基本断られてしまうので、オーナー負担の修繕が発生する度に、

割高な工事費を払い続けることになります。

③賃借人退去時は保証免責期間がある

家賃保証と言われていますが、賃借人が退去してからは2～4週間、契約によっては3カ月もの免責期間があり、その期間中は入居者が入らないとオーナーにも家賃収入が入ってきません。つまり、実質的には空室期間と考えてよいでしょう。

④最終的な収入は相対的にマイナス

家賃保証があったとしても、最終的な手残りの収入（純収益）はサブリース契約を締結しなかった場合と比較してマイナスとなることがほとんどです。

⑤契約の拘束力が強いため解約できない

サブリース会社の担当者からは「いつでも解約できますよ」と言われることもありますが、サブリース契約は一度契約したら、ほぼ解約できないと思ってください。契約後、デメリットに気づいたとしても手遅れです。サブリース会社は借地借家法によって、借主として権利が守られている状態となっています。

仮に、サブリース会社とトラブルが起き、解約したいと思った場合でも、多くの場合解約できません。つまり、法律的にオーナーが不利になっている契約というわけです。

なお、サブリース契約は「一括借上保証」「35年家賃保証」「○○管理プラン」など、サブリースという文言を使用しないケースが多いので注意しましょう。

サブリース契約の解約を巡るトラブルについては、

・平成15年10月裁判で地主の敗訴する判決〔サブリース訴訟上告審判決〕
・平成16年11月裁判で地主の敗訴する判決〔サブリース訴訟上告審判決〕

にて地主やオーナーが敗訴しています。

平成30年にはサブリースを根幹とした、かぼちゃの馬車・スルガ銀行の投資トラブルが発生し、投資家に被害が及びました。

消費者庁も「サブリース契約に関するトラブルにご注意ください!」といった注意喚起をするほどです(詳しく知りたい方は「消費者庁　サブリース契約」で検索してください)。

ただ、上記を説明しても営業パーソンの言葉が巧みで、サブリース契約をしてしまうケースが散見されます。我々もサブリース契約の説明を受けたことがありますが「もしかしていいんじゃないか?」と錯覚してしまうほどです。

ですので、次のチャプターで、具体的にどれくらい損をするのか、実際に弊社であった事例を用いて説明します。

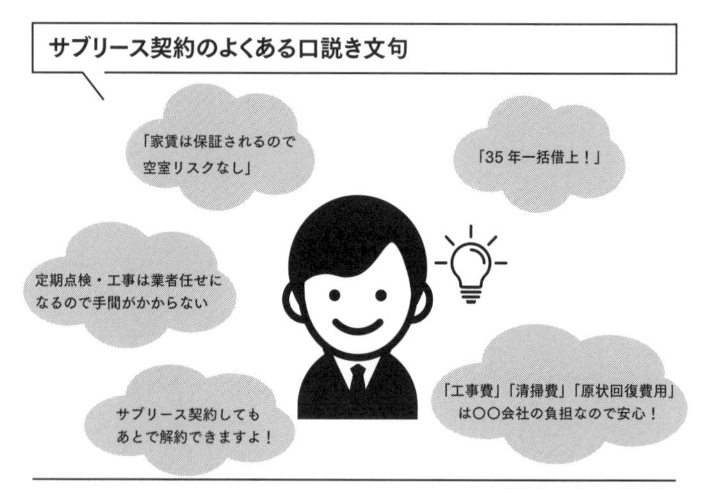

弊社セミナー配布資料

サブリース契約には気をつけよう。

要点❶

サブリース契約は業者有利の契約になっていることがほとんど。

要点❷

「一括借上保証」「35年家賃保証」「○○管理プラン」など、サブリースという文言は使用されないことが多い。

要点❸

消費者庁も注意喚起している。

悪魔のささやき

一度契約したら、もう解約できないと思った方がいいんだ……。

その口調、もしかして……。

もちろん契約したよ。

うん、なんで？

30

サブリース契約のトラブルが多すぎる

～サブリースを付けた場合と付けない場合の収支比較～

▲
動画を鑑賞

サブリース契約には気をつけた方がいいってことは分かったけど、実際どれくらい損するのか知りたい！

不動産鑑定士に聞いてみよう。

先ほどは、サブリース契約の注意点について話しました。そこで一番伝えたいことは「サブリース契約は一度契約してしまったら二度と解約できない」ということでした。

弊社セミナー配布資料

では、収入面ではどうなのでしょうか？
ハウスメーカーは下記の点をメリットとして話してくれま

すが、実際の数字はどうなのでしょうか。今回は「通常の契約」と「サブリース契約」を比較した収支シミュレーションを作成しました。

【ハウスメーカーがサブリースをオススメするポイント】

- 空室リスクはありません
- 定期点検、工事は業者任せで手間がかかりません

とくに以下の点に注意して、見比べてみてください。

①礼金、更新料、敷金等はオーナーに入ってこない

②修繕工事の業者はサブリース業者の指定される場合がある（工事費が相場よりも高くなる）

③ 賃借人退去時は2～4週間の保証免責期間がある

サブリース契約の収入面でのデメリット

・意外と知らないサブリース契約の4つの落とし穴

①礼金、更新料、敷金等は**オーナーに入ってこない。**

②修繕工事の業者はサブリース業者の指定の場合には**工事費が相場の1.5倍**になるケースも。

③賃借人**退去時は2～4週間の保証免責期間（実質的な空室）**がある。

④最終的な収入はマイナス

弊社セミナー配布資料

物件

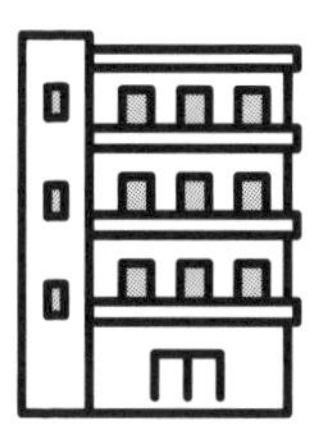

- 木造
- 10戸
- 3階建
- 賃料10万円/戸

04

相続

収支シュミレーション

年間収支	通常時	備考	サブリース契約時	備考
賃料収入	12,000,000		**10,800,000**	▲10%で査定
礼金収入	240,000	回転期間4年	**0**	
更新料収入	375,000	更新料50%受領	**0**	
その他収入	0		0	
(ー)空室損失	**−480,000**		**−108,000**	
住宅稼働率	95%		99%	免責期間考慮
a.総収益	12,135,000		10,692,000	
維持管理費	340,000	水光費等を含む	340,000	
修繕費	400,000		400,000	
PMフィー	633,600	5.5%	**0**	
テナント募集費用等	427,500		**0**	
公租公課	300,000		300,000	
損害保険料	150,000		150,000	
その他費用	0		0	
b.運営費用	2,251,100		1,190,000	
c.純収益(a.ーb.)	9,883,900		9,502,000	

差額 **-381,900**

上記を踏まえて家賃収入を計算すると、通常の管理契約と比較して年間約40万円（10年で400万円のマイナスです）も純収益が低くなっています。今回は総戸数10戸のアパートだったため年間40万円のマイナスですが、戸数が多くなるほどマイナスとなる金額は大きくなります。

なお、ここの差額はあくまで最低ラインということに留意してください。

今回想定したサブリース契約は、満室時の90％で査定していますが、サブリース契約の中でも良い料率を採用しています。

また、工事業者を指定されたりすると、大規模修繕費や原状回復費が割高となり、場合によっては、差額が100万円を超えることもあるので、注意しましょう。

「家賃保証」といった言葉はどうしても魅力的に感じがちですが、このように実際の収支を解剖していくと、収入面でもデメリットが大きいので、筆者としては契約するメリットがないと考えるわけです。

さらに、サブリース契約が付いた物件は、付いていない物件と比べて市場価値が低くなってしまいます。

なぜなら、不動産投資家はサブリース契約付きの物件を敬遠するからです。

前のチャプターでも話しましたが、サブリース契約はオーナー都合で解約できないケースが多いので、いざ物件を売ることになった場合、買い叩かれてしまうケースが多いです。

サブリース契約を結ぶと、手残りの収入が少なくなる。

要点❶

サブリース契約を結ぶと、礼金、更新料、敷金等はオーナーに入ってこない。

要点❷

工事業者を指定されると、割高な修繕費となる。

要点❸

サブリース契約が付いた物件の価値は相対的に低くなる。

悪魔のささやき

サブリース契約しない場合と比較すると、手残りはこんなに変わるんだね。

じゃあ、とりあえずあんたの小遣い減らそっか……。

うん、なんで？

31

俺の親父が大地主

▲
動画を鑑賞

俺の親父が地主でさぁ。

へぇ、そうなんだ。

将来働かなくてもいいんだよね～。

……。

皆さんは「地主」と聞けば、どのような印象をお持ちでしょうか。資産家、お金持ちといったイメージでしょうか。

地主とは、土地の所有者のことを指しますが、一般的には所有する土地を貸し出して地代収入を得ている人のことを言います。

歴史を紐解けば、奈良時代の「墾田永年私財法」（農民が開拓した土地に、永久に所有を許可するという法令）に始まり、明治時代の地租改正をきっかけに「寄生地主」（地主が所有地を小作農民に貸し付け，小作料を徴収する農業経営形態）が進展しました。

このような歴史の中で現代においては、地主＝資産家、お金持ちといったイメージが定着しています。ただし、土地にはやはり格（＝価値）の差が存在するので、実際はピンキリと言ってもよいでしょう。

よく、3代で資産がなくなるなんてことを耳にします。初代が築いた財を苦労知らずの2代目3代目が使い果たすといった一種の教えですが、現代の地主においてもそれは当てはまります。
　主な要因は相続税です。相続税の税率は一定ではなく、遺産の金額に応じて高くなる、いわゆる「累進課税制度」であり、その最高税率はなんと55％！（遺産金額6億円超）控除額はありますが、6億円を超える規模の相続を繰り返すと、単純に半分ずつ資産が減っていきます。
　とくに大地主の場合、持っている土地も高額となるため、億単位の相続税を支払うこともあります。その際、潤沢な現金資産がないと相続税を支払うことができないので、泣く泣く土地を売り払い、売ったお金で相続税を支払うといったケースも少なくありません。
　ですので、大地主は相続税対策をするわけです。所有している土地にアパートを建てたり、生前贈与をしたり、養子縁組をしたりなどなど。
　また、地主は不動産業界で働いていないと、なかなかお目にかかれません。そんな謎めいた地主について、ここで小耳に挟んだ地主のとんでもない事例をご紹介します。

　地主は名士として、その地域で知れ渡っていることもあり、業界団体の役職に名を連ねていたりすることもあります。例えば、とある駅前の大半の土地を所有している地主は、自分の土地に地下鉄の出口を設けるため議員等のコネクションを使ったり、市役所の建築指導課から違法建築物を指摘されるも事なきを得たりなど、そんな噂も耳にします（もちろん、極々一部の地主の話です）。

ここで終わると地主がドラマに出てくるような悪者にしか見えないので、良い話も。弊社（一般社団法人桃太郎オフィス）は不動産相続を専門分野としているため、地主とかかわる機会が多いのですが、地主ならではのお悩みが多く、感心させられることがあります。

具体的にどのような相談があるのか、かいつまんでお話ししましょう。

「金持ち喧嘩せず」を体現したような事例

遺産分割の際に実家の不動産を評価すると５億円程度でした。その実家は長男が丸々引き継ぐという話になっていたそうです。相続は3兄弟で分割することになっていたので、長男が実家を弟と姉から土地の持ち分を買い取る話をしたところ、弟と姉は「兄ちゃんが引き継ぐ土地なんだから、お金なんてもらえないよ」と言われたそうです。1.7億円（５億円÷３人兄弟）をいらないよ。なんて私は絶対言えません……。

支え合いの資産家

とある会社が倒産した際に、その社長が軽井沢の別荘（4,000万円程度）の売り先に悩んでいたそうです。そんな時、社長の娘の旦那様（上場企業の役員）が「今までお世話になりっぱなしだったので私に買わせてください」といって、現金で別荘を買っていきました。我々は不動産を購入する時に値上がりするかどうかを気にしながら選んでいるので、何も気にせずポンと買える器の大きさが資産家になる秘訣なんだと遠い目で見ておりました。

ここがつらいよ地主

地主の中には資産が多くあるけど、定期的な収入があまりないことがしばしばあります。

例えば都心の土地を複数持っているが、実家が建っていたり、駐車場として貸しているというケースです。この場合、土地の資産（価値）としては数億円に及びますが、収入は微々たるものとなるため、通常はアパート建築する等して収入を増やすことが多いです。こういった土地の運用方法に関するご相談は弊社の得意分野なので、賃貸需要などを分析のうえ、問題なければ「経済的観点からはアパート建築した方がいいですよ」とアドバイスするのですが、「アパート建築するのに借金をしたくない」だったり、「変化したくない」人も一定数いらっしゃり、結局そのままにしている地主様も……。

※これらはお客様から許可を得ており、弊社お客様の話を勝手に他に漏らすことはありませんので、ご安心ください。

こういった方を見ていると、まだまだ私は未熟だなと感じさせられます。子どもの頃は海賊王に憧れていましたが、今は大地主に憧れながら仕事をしています。

大地主の家系でも、何もしなければ土地は売る羽目になる。

要点❶

相続税は累進課税制度。

要点❷

大地主はアパートを建築したりして相続税対策している。

要点❸

特権を濫用する地主もいれば、
心に余裕を持った地主もいる。

悪魔のささやき

親が地主だから、俺勝ち組だわ（笑）

相続税……。

え？

相続税55％取られるよ。

うん、なんで？

章末コラム④

不動産鑑定士になってからの日常

不動産鑑定士に登録してからは、一人で作業する機会が増え、より裁量的に仕事ができます。好きなタイミングで実地調査に行き、自分で査定方針を決め、先輩鑑定士との板挟みになることもほぼないので、実務修習生の時よりストレスは軽減されるでしょう。

ただ、ここで困るのが「目標設定」です。

鑑定士試験合格後は、「実務修習の修了考査に合格して鑑定士登録する！」という目標が自動的に設定されますが、いざ鑑定士登録すると、次の目標を見失いがちになります。

周りの鑑定士も、継続評価ばかりやりすぎて、虚無みたいになっている人がちらほら……。

鑑定士試験に合格された方は、あらかじめ、鑑定士登録した後の目標（転職、出世、独立など）を考えておくのが、人生を謳歌するひとつの方法かもしれませんね。

05

不動産鑑定

32

不動産鑑定士がマイナー資格すぎる

▲
動画を鑑賞

不動産鑑定士って、知ってる？

聞いたことはあるよ。でもどんな資格かは知らないかな。

だよね。

不動産鑑定士とは、不動産の有効な利用方法を判定し、不動産の適正な価値を判断する専門家です。価格はもちろん賃料も査定できますし、土地や建物など、不動産なら全て鑑定評価できます。

不動産鑑定士は、弁護士、公認会計士に並ぶ文系三大国家資格のひとつですが、その認識は、微妙なラインに位置しているのが実情です……。

弁護士や公認会計士と同じく業務独占資格に当たるため、不動産鑑定士以外の人が不動産の鑑定評価を行うと刑事罰の対象になります。それゆえ、高度な専門性と倫理観が要求され、難易度の高い試験に合格しなければならないことが三大国家資格（一応）と称されている所以です。

では、不動産鑑定士は日本に何人いるのでしょうか。その数なんと約8,600人（令和5年1月1日時点）です。といってもこれでは、多いのか少ないのか分かりにくいので、他の士業（10士業）と比べてみましょう。

弁護士は約4.6万人、公認会計士は約3.5万人、税理士は約8.1万人、その他の士業も概ね1万人は超えています。ですので、不動産鑑定士は10士業の中で一番マイナーな資格と言えます。

では、不動産鑑定士の試験難易度はどうでしょうか。不動産鑑定士になるには、短答式試験と論文式試験に合格し、一定期間の実務修習を修了する必要があります。
まず、短答式試験と論文式試験に受かるためには、2,000～3,700時間、勉強に専念して1～2年程度かかると言われています。また、令和5年度の合格率は、短答式試験で33.6％、論文式試験で16.5％、一発合格を狙うと約5.5％です。これでも過去の試験と比べるとだいぶ上がってきています。

さらに短答式試験と論文式試験に受かった後は、1～2年程度、実務修習する必要があり、その修了考査に合格してはじめて「不動産鑑定士」と名乗ることができます。勉強を始めて資格登録に至るまで、最低2年は見ておいた方がいいでしょう。

次に、不動産鑑定士の仕事内容です。もちろん、不動産の経済価値を判定することですが、土地・建物の評価をはじめ、地代・家賃の評価、開発計画に関するコンサルティングなどとかなり多岐にわたり、依頼目的も売買や担保評価等と様々です。また、主にBtoBの仕事のため、不動産業界では珍しく土日祝が休みとなります。

筆者の我々は業界最大手の（一財）日本不動産研究所に所属していたこともあり、地方の築古戸建から丸の内の一棟オフィスまで、ありとあらゆる不動産を査定していました。

不動産業者の査定書と何が違うんだと思われる方もいるかもしれませんが、不動産業者の査定書は、媒介契約を取るために、テキトーな高い金額を提示したり、ＡＩ査定といって評価対象から半径○kmの事例の平均値でとりあえず査定しているケースが散見されます。

一方、不動産鑑定士が査定する際は、事例の収集はもちろん、「間口が狭いため周辺の事例と比較して割安になる」や「付近で再開発があり、他の事例と比較して価格が上がる要因になる」などの個別的要因も細かく見て評価します。ですので、鑑定士が出した価格と不動産業者が出した価格の「妥当性」には雲泥の差があると断言できます。

お持ちの不動産について疑問点、不安等があればお近くの不動産鑑定士に相談するのもオススメです。ポジショントークと思われるかもしれませんが、業界を知ったうえでの率直な意見です。
最後に、一番重要である「不動産鑑定士は合コンでモテるのか？　で締め括りましょう。

結論、不動産鑑定士だからモテるといったことはほぼありません。しかし、ごく一部には刺さります。例えば不動産鑑定士を知っている弁護士事務所勤務の女性や銀行員など、不動産鑑定士とかかわりがある方には、「凄いですね」と言われがちです。

なお、知り合いの不動産鑑定士はほとんどが結婚しているので、婚活市場においては「不動産鑑定士＝しっかりとした仕事をしている」と見られているのかもしれませんね。

不動産の価値を知りたいなら
不動産鑑定士に聞くのがベスト。

要点❶

不動産鑑定士試験の勉強時間は
2,000～3,700時間程度。

要点❷

不動産鑑定士は土日祝日は休み。

要点❸

不動産鑑定士だからといってモテることはない。

悪魔のささやき

俺も不動産鑑定士目指そうかな。

いいじゃん！　それで私を養って！

うん、なんで？

33

不動産鑑定士の仕事がキツすぎる

▲
動画を鑑賞

不動産鑑定士って、普段何してんの？

不動産鑑定士本人に聞いてみよう。

不動産鑑定士はBtoBの仕事が多く、日常生活でお世話になることがほぼないので、普段何をやっているか知らない方が多いでしょう。

不動産鑑定士の仕事内容は、多岐に渡りますが、主な業務内容は鑑定評価書の作成です。土地や建物はもちろん、借地権や底地、賃料の評価もします。

では、そんな不動産鑑定士の業務量はどれくらいか。勤務先や部署によってバラバラですが、一般的なサラリーマン鑑定士の話をします。

結論、年に50～100件程度です。
少なくね？　と思われた方……勘弁してください。
鑑定評価書は基本的にA4用紙40～50ページ、多いものだと100ページ超の評価書もあります。しかもそれを書くために、資料収集、現地確認、精緻な査定などの工程があるので、もちろんコピペじゃ対応できません。

また、不動産業者の無料査定書と何が違うんだ？

と思われる方もいるかもしれませんが、査定に費やす時間が天と地ほど違います。

不動産鑑定士の鑑定評価書は、所在地などの基本的な情報はもちろん、マクロ分析（人口や地価の推移）からはじまり、土地の最適な活用方法を判断し、それに応じた手法の適用（原価法、取引事例比較法、収益還元法など）を検討します。取引事例も周辺のものをテキトーに集めるわけではなく、本当に比較すべき事例かどうかを判断し、それぞれの個別性（間口・奥行、形状、規模、駅距離など）を比べながら査定するのです。

具体的には、

- 間口が狭くて形状も悪いから、
  事例と比較して割安にする？
- 付近で再開発があるから、
  事例と比較してプラスの要因になる？
- 隣に墓地がある場合はマイナス？
  それとも高い建物が建たないからプラス？
- 自殺があった部屋の価格はどのくらい下がる？

といったイメージで時間をかけるため、繁忙期はよく残業していました。

ちなみに、残業時間は月20～40時間がボリュームゾーンだと思われます。

不動産鑑定士の仕事は鑑定評価書の作成がメイン。

要点❶

一般的に、年50～100件程度鑑定評価する。

要点❷

不動産業者の無料査定書とは精度が違う。

要点❸

残業時間は月20～40時間程度（勤務先と部署による）。

悪魔のささやき

不動産鑑定士って、忙しそうだね。

でも、給料高いんでしょ？　やりなよ。

うん、なんで？

34

不動産鑑定士の年収が高い

～サラリーマン編～

▲
動画を鑑賞

不動産鑑定士の年収が気になる！

本人に聞いてみよう。

ネットで「不動産鑑定士　年収」と調べると平均年収が出てきますが、サンプル数が少ないため意外とアテになりません。今回は鑑定士の知り合いから聞いた実際の年収を皆さんにお伝えしたいと思います。

まずは、不動産鑑定士の一般的なキャリアをお話しします。20代～30代前半で不動産鑑定士試験に合格後、大手不動産鑑定事務所に勤務し、①定年まで勤め上げる、②転職、③独立の3パターンに分かれます。

かつては若くして合格しても大手鑑定事務所に行けないこともありましたが、2024年現在は売り手市場で、鑑定士試験に合格すればどこかの大手の鑑定事務所には就職できる状況です。

また、30代前半と記載しましたが、40歳前後でも職歴次第では、大手～準大手に就職できる可能性は大いにあります。

次に、鑑定士試験合格後に20代～30代前半で大手3社に入社した場合の年収について話しましょう。勤務鑑定士としての年収は20代～30代前半で大手3社に入社すれば初年度600万円～800万円、5年後800万円～1,100万円、10年後900万円～1,300万円程度で推移していくようです（2024年時点）。入社時の年齢や前職の年収によって、多少の差は出る可能性がありますが、基本的に鑑定士としての勤務年数による年功序列で年収が決まります。

最後に、大手に入社後、転職するとどうなるか。入社して3年で転職した場合は800万円～1,100万円程度、5～10年程度で転職した場合は、1,000万円～1,500万円程度と聞いています。

不動産鑑定士の転職先は、資産運用会社や監査法人などがあり、もちろんそこでも不動産鑑定の知識が求められます。逆に、証券化の継続評価しかしたことがなかったり担保評価や公的評価だけだったり、少し偏ったスキルの方は転職需要や年収は落ちる傾向にあるので、ご留意ください。

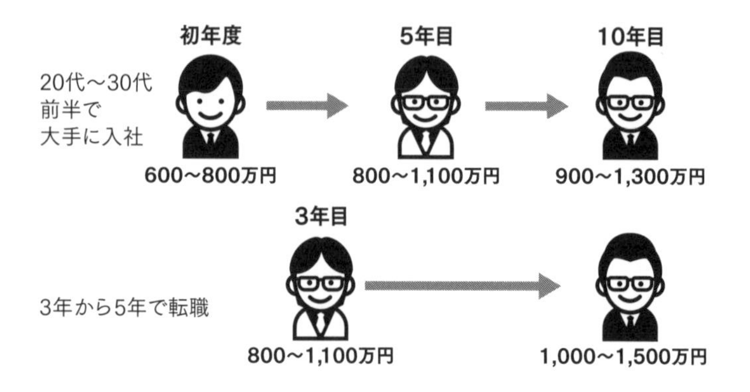

不動産鑑定士の年収は意外と高い。

要点❶

大手鑑定事務所の年収は、初年度600万円～800万円、5年後に800万円～1,100万円、10年後に900万円～1,300万円程度（残業代や手当込）。

要点❷

基本的に年功序列。（鑑定士としての勤務年数）で年収が決まる。

要点❸

転職需要もある。

悪魔のささやき

不動産鑑定士の年収、意外と高いね。

年収高いんだから、早く勉強して？

うん、なんで？

35

不動産鑑定士の年収が高い

〜独立編〜

▲
動画を鑑賞

独立した不動産鑑定士って、どれくらい稼げるの？

不動産鑑定士に聞いてみよう。

不動産鑑定士は士業の中でも、とても独立しやすい資格です。では、独立したらどれくらい稼げるのでしょうか？

具体的な金額を言う前に、まずは独立鑑定士の仕事内容を説明しましょう。
不動産鑑定士の仕事には、以下の２つがあります。

①公的評価：国・都道府県・市区町村からの依頼
②民間評価：一般企業や個人からの依頼

「公的評価」の具定例としては、地価公示や相続税路線価、固定資産税路線価などです。一方、「民間評価」は不動産売買で参考とする資産評価、銀行が融資をする際に参考とする担保評価、決算書に載せるために必要な時価評価などがあります。

次に、独立鑑定士の稼ぎ方です。不動産鑑定士として独立する場合、「主要都市」と「地方」で稼ぎ方が大きく異なります。

主要都市で独立すると、公的評価と民間評価の両方で売り上げていきます。一方、地方で独立すると売上の大半は公的評価です。

じゃあ、民間評価がない地方は売上も少ないのか……と思われた方、ご安心ください。地方の場合、公的評価のみでも十分売り上げられます。

公的評価の代表例である地価公示で説明しましょう。地価公示は各都道府県にポイント（評価対象地点）が割り当てられており、１ポイント（1件）○○円といった報酬が定められています。

地方は鑑定士の数も少ないので、1人当たりのポイント数は主要都市より多くなります。一方、主要都市は鑑定士の数が多いので、限られたパイ（ポイント）を取り合うことになります。

また、主要都市の鑑定士が地方の公的評価をすることは基本的にできません。例えば、東京都に所属する鑑定士は千葉県の地価公示に携われないということです。ですので、地方でも十分売り上げられるのです。

こういった理由で、都心に勤めているサラリーマン鑑定士が、地元に戻って独立開業するケースも散見されます。

さて、本題です。周りの鑑定士から聞いた話を参考に、独立後の売上推移を記しました。

主要都市の場合

独立1年目　300万円+α

独立5年目　500～800万円+α

独立10年目以降　1,000万円～∞

地方の場合

独立1年目　300～600万円程度

独立5年目　1,000万円～1,500万円程度

独立10年目以降　1,500万円～3,000万円程度

あくまで参考値です。都市部を+αとしている理由は、主要都市だと民間の仕事を受注しやすいからです。

また、公的評価には3年に1回「固定資産税の評価替えの年」というボーナスがあり、売上が一気に上がります。今回は3年に1回の固定資産税の評価を平均して記載しました。

筆者の2人は、主要都市で独立しているため、公的評価以外の部分で売り上げています。なお、筆者のひとりである泰道は2024年時点で独立3年目となり、公的評価の報酬が300万円程度でした。

これらを見ると、地方の方が売上はいいじゃないかと思われますが、主要都市の場合、民間の仕事を取ってきて従業員を雇えるようになれば、１億円以上売り上げることも可能です。

一方、地方は民間の仕事に限りがあるので、1億円以上売り上げることは困難です。その代わり、公的評価の報酬が高く、売上1,500万円～2,000万円程度を安定的に稼げるところが地方のメリットと言えるでしょう。

不動産鑑定士の年収が高い。

要点❶

不動産鑑定士は独立しやすい資格。

要点❷

「主要都市」と「地方」で稼ぎ方が変わる。

要点❸

不動産鑑定士の仕事は「民間評価」と「公的評価」の2つ。

悪魔のささやき

地方の方が安定して稼げるのか。

ダメ！　都心から離れたくない！

うん、なんで？

36

不動産鑑定士までの道のりが長すぎる

▲
動画を鑑賞

なんか、年収もよさそうだから、不動産鑑定士目指すわ！

頑張って！　応援してる！

てか、不動産鑑定士になるためには、どれくらい時間かかるんだろう？

不動産鑑定士は、筆記試験に合格するだけではなれません。

不動産鑑定士になるためには、①不動産鑑定士試験に合格、②実務修習を修了する必要があります。そして、①、②両方合わせて最低でも2年、多くの人は3～5年かけて不動産鑑定士の登録をします。では、なぜそんなに時間がかかるのか、紐解いていきましょう。

①不動産鑑定士試験

まずは、国土交通省が実施する不動産鑑定士試験に合格する必要があります。不動産鑑定士試験は短答式試験と論文式試験の2つあり、その両方に合格しなければいけません。

短答式試験は複数の選択肢から1つを回答する「択一式」の問題で、年に1回、5月頃に実施されます。試験期間は1日、各科目2時間ずつ（不動産に関する行政法規、不動産の鑑定評価に関する理論）です。

論文式試験は、短答式試験に合格した人のみが受験することができ、年に1回、8月頃に実施されます。試験期間は3

日間、各科目2時間ずつ（民法、経済学、会計学、不動産の鑑定評価に関する理論①＋②＋演習）となります。

そして、この試験の要は論文式試験です。短答式試験もそれなりの難易度ですが、論文式試験は難易度がグッと上がります。というのも、論文式試験は全て記述式で、1科目あたり2,000字程度記載する必要があるからです。

また、近年の合格率は、短答式試験が30～35％程度、論文式試験が15％程度となっており、合格率も短答式試験より低いです。一発合格する人の割合は単純計算で5％程度というところでしょうか。論文式で合格率15％なら意外と難しくないんだな！　と思われた方、そんなことありません。筆者のひとりである泰道は宅建士と土地家屋調査士を持っていますが、感覚的に宅建士（合格率15％程度）の10倍、土地家屋調査士（合格率８％程度）の1.5倍程度、苦労した記憶があります。

鑑定士試験は受験者のレベルが高いこと（記念受験はほぼないです）と試験本番は教科書を見ないで論文を書くことがハードルが高かったです。

受験時代は安直に考えて受ける方の大半が挫折していく姿もたくさんみてきました。

では、この試験に合格するまでには、どのくらい時間がかかるのでしょう。大手資格予備校によると、概ね1年半～2年が一般的で、勉強時間は2,000～3,700時間必要とされています。実際に、周りの鑑定士の話を聞く限り、1年半～3

年程度かけて合格している人が多かったです。また、もうひとりの筆者である中瀬は、大学生時代に勉強し合格しましたが、社会人で働きながら取るのは難易度が高いだろうなと感じました。

実際、周りの鑑定士も社会人を辞めて専業で勉強して受かったという人の方が多い印象です。

これを読まれている学生さんで、不動産鑑定士に興味がある方は、ぜひ時間がある大学生の時に勉強してください。私、中瀬は大学時代に勉強してよかったなと常々感じます。

「じゃあ、とりあえず1年半～3年だけ勉強頑張ろう！　それさえ乗り切れば夢の（？）鑑定士生活が待っている！」と思ったそこのあなた！　不動産鑑定士試験に合格したとしても、鑑定士ロードはまだまだ続きます。

②実務修習

不動産鑑定士に登録するためには、不動産鑑定士試験に合格するだけでなく、「実務修習」というカリキュラムをこなし、修了考査に合格する必要があります。

スケジュール感としては、論文式試験の合格発表が毎年10月頃にあり、実務修習受講申請時期が11月初旬にあります。必死に勉強した末、試験に合格し、合格の余韻に浸る間もなく、また勉強の日々がスタートとするという何とも言い難いスケジュールになっています。しかし、ご安心ください。その頃にはハードな勉強にも耐えられるメンタルになっているので、ある程度「感情ゼロ」と言いますか、仏のような心の有様で、何事も受け止められる状態になっているかと思います。

実務修習は1年コースと2年コースに分かれており、内容はA.講義、B.基本演習、C.実地演習です。具体的に説明すると、A.講義は座学、B.基本演習は実務修習生が一堂に会し、グループワーク形式で鑑定評価書の作成に取り組む演習、C.実地演習は、物件調査＋全13類型（類型とは、不動産の分類のことを指し、更地や底地、貸家及びその敷地、家賃などがあります）の課題について、個人で鑑定評価書を作成する演習となっています。

この中でとくに大変なのが、C.実地演習です。C.実地演習は、指導鑑定士の指導を受けながら評価書を作成していきますが、いかんせん13類型もの評価書を作成する必要があるので、とても時間がかかります。

そして、A～Cの課程を全て修得した後、D.修了考査という最後の試験を受ける必要があります。D.修了考査は(1)記述の考査、(2)口述の考査の2つです。

(1)記述の考査は、択一式試験と論文式試験がミックスされた実務寄りの記述式テストで、(2)口述の考査は、③実地演習で作成した評価書について、ベテラン不動産鑑定士から細かく質問されます。

この修了考査に合格してはじめて不動産鑑定士の登録ができるわけです。逆に不合格になると、再考査を受ける必要があり、最悪の場合、実務修習を1からやり直さなければいけません。

なお、修了考査の合格率（再考査含む）は70％程度で、不動産鑑定士試験よりは高いですが、実務のことをしっかり勉強しないと余裕で落ちます。

不動産鑑定士試験だけでなく、実務修習も意外と大変だということ、お分かりいただけたでしょうか。

実務修習の受講方法は、将来、鑑定士としてどのように活躍していきたかによって様々です。

例えば、不動産鑑定をバリバリやっていきたい！　という方は、試験合格後、不動産鑑定業者に就職・転職し、そこで鑑定評価実務をしながら、実務修習を同時にこなす方法があります。

一方、今の会社で不動産鑑定士の資格を活かしていきたい！　という方は、実務修習のみを請け負う大学や鑑定業者に通いながら実務修習を行う方法もあります。

不動産鑑定士試験に合格後、どのような形で実務修習を受けるのかを考える時間は僅かであるため、論文式試験前からあらかじめ、今後の予定を整理しておく必要があることがポイントです。

上記の通り、「不動産鑑定士になる！」と志してから実際に登録するまで、かなりの時間を要します。最短でも２年と言いましたが、相当レアケースです。

その代わり、不動産鑑定士になれば、不動産のスペシャリストとしてあらゆる分野で活躍することができます。

若いうちに合格すれば、大手の鑑定事務所で働き、外資系の金融業界や投資法人、Ｍ＆Ａ関係などの会社に転職することで、より高水準な年収を得ることもできるでしょう。

はたまた、独立開業して様々な業界を横断的にかかわりながらいろいろなことにチャレンジしてみたり、愛する地元のために地域貢献していく道もあります。

余談ですが、独立開業の話が出たので、最後に独立するには何年くらいかかるのかをお伝えします。

独立鑑定士の代表的な仕事は、地価公示鑑定評価員としての仕事です。

地価公示とは、地価公示法に基づき、日本全国で2万6,000 地点（令和5年）の標準地を選定し、毎年1月1日時点を基準日として評価を行う業務のことを指します。そして、この評価員になるためには、募集期間の開始日から遡って3年間、不動産鑑定士として不動産鑑定業に従事していることが求められます。

独立を考えている鑑定士のほとんどが、この要件を満たしてから独立するので、単純に不動産鑑定士登録してから3年は独立しません。

あれ……？　独立を視野に入れると、不動産鑑定士を目指してから5～8年かかることに……。

なんやかんや説明しましたが、時には後先考えず未知なる分野に飛び込む勇気、そんな情動的な行動が人生において重要である、そんなことを考える今日この頃です。

不動産鑑定士登録するまで、2～5年かかる。

要点❶

不動産鑑定士試験は、とくに論文式試験が難しい。

要点❷

不動産鑑定士登録するためには、実務修習を修了する必要がある。

要点❸

独立するには5～8年かかる。

悪魔のささやき

登録までに2～5年かかるのか……。

じゃあ、2年で登録できるね！

うん、なんで？

37

不動産鑑定士の仕事が面白すぎる

～鑑定士の仕事内容、残業時間～

▲
動画を鑑賞

年収が高いのはいいけど、
この仕事って楽しいの？

不動産鑑定士に聞いてみよう。

不動産鑑定士の仕事はやっていて楽しいのでしょうか？

結論、人によります。

この仕事は、不動産の経済価値を判定することに尽きます。そのため、不動産業務にかかわる業界で不動産鑑定士は活躍します。とくに鑑定事務所、信託銀行、監査法人やREIT等の投資法人に多くいます。

不動産鑑定士の仕事内容で、身近な例を挙げると、相続です。相続時に遺産分割を行う必要ある場合、遺書等を残していれば別ですが、基本的に相続人で公平に分けよう！　となりますよね。その際、遺産の中に不動産があると、その不動産の価値が分からなければ公平に分けることができないため、不動産鑑定士の出番というわけです。ただし、不動産鑑定士が登場するシーンというのは、揉めている状況が多いですが……。

では、不動産鑑定士の勤務先として一番主流な「鑑定事務所」での仕事はどのようなものでしょうか。

鑑定事務所といっても、大手から個人事務所まであり、取り扱う仕事も様々ですが、基本的な業務内容としては、法人が不動産売買する時や賃貸借する時の評価、企業が保有する不動産の価値が毀損していないかを確認するための資産評価、REIT等の投資法人が保有する証券化不動産の評価、資産活用のためのコンサルティング業務、公的評価（地価公示や路線価業務など）など様々です。大手事務所であれば、法人向けの案件や証券化不動産の比率が高いといったところでしょうか。

また、具体的な仕事の流れはこのようなイメージです。

①案件受任：評価対象の範囲、評価条件、依頼目的等を整理
②役所調査：役所で対象不動産の行政的条件を確認
③実地調査：現地で対象不動産を確認
④評価　　：不動産鑑定評価基準に則り査定

の流れで進めていきます。

内容としては、7～8割が社内、2～3割が社外（物件調査や役所調査）の業務です。

なお、工場やデータセンターなどの一般的に立ち入りが禁止されているような場所に入る機会も多く、そういった意味では鑑定士ならではの役得と言えるでしょう。

次に、不動産鑑定士のワークライフバランスについてお話ししましょう。

鑑定事務所の繁忙期は、一般的に年末から3月頃までと言われます。一般企業は決算期が3月末である企業も多く、予算計画の関係上、期内に評価依頼をすることが多いからです。また、証券化不動産の評価や公的評価もこの時期に重なってくるため、この時期は終電ギリギリまで残業することや休日出勤することもしばしばあります。かたや冬の過酷な時期を超えると定時で帰れるようになります。

とはいえ、あくまで一般論です、結局のところ重い案件があれば、時期関係なく忙しくなるし、なければ暇になります。

なお、我々が大手の鑑定事務所に勤めていた頃の月の残業時間は、繁忙期40～80時間、閑散期0～10時間程度でした。

最後に、鑑定事務所での仕事の面白い部分と辛い部分をご紹介します。

この仕事の面白いところは、鑑定士同士で議論することです。この要因はどんな形で経済価値に反映すべきか、様々な観点から議論・検証し、日々新たな知識を吸収できることで、自身の成長を実感できます。また、その培った経験や知識を依頼者に説明し、納得していただけたり、感謝されるとやりがいも感じます。

自由度が高めなところもグッドです。基本的に案件は個人毎に割り当てられ、裁量的に仕事ができます。当然、複数人のチェックが入ったりするため、期限などは決められていますが、他人の仕事を急に押しつけられたり、プロジェクトチームのメンバーに気を遣う必要もありません。

反面、完全に自己責任ですので、体調不良で急に休みを取っても、誰かが代わりに自分の仕事を処理してくれるようなことはほぼないでしょう。

辛いことを強いて上げるのであれば給与面でしょうか。大手鑑定事務所であれば、1～2年目が年収600万円～800万円、5年目あたりで年収800万円～1,100万円程度入ってくるかと思います。え！　結構よくない？　と思ったそこのあなた！

チャプター36でもお話ししましたが、鑑定士の資格を登録するまで5年程度かかりますし、医者や弁護士、公認会計士と比べてもやや見劣りする水準であることを考えると、コスパが少し悪い？　と思わざるを得ない状況です。周りの鑑定士も、世間の平均年収よりは高いけど、費やした勉強時間や責任度合いを考えると、もっとほしいよね、みたいなことを話すことが多いです。

当然、給与に重きを置くのであれば、不動産鑑定士の資格を活かして、外資系の企業や独立開業するのも手です。鑑定事務所は、鑑定評価自体に面白み、やりがいを見出せる人が合っていると言えるかもしれません。

不動産鑑定士の仕事は、たぶん面白いほう。

要点❶

鑑定事務所の仕事は7～8割が内勤、2～3割が外勤。

要点❷

不動産鑑定士の繁忙期は、一般的に年末から3月頃。

要点❸

年収に不満を持つ鑑定士はたぶん多い。

悪魔のささやき

この仕事、俺に合ってそうだな……。

確かに。あんた、根暗だもんね。

うん、なんで？

38

不動産鑑定業界が人手不足すぎる

▲
動画を鑑賞

不動産鑑定士って身近にいないよね。

確かに。マイナーだよね。

文系の三大国家資格なのに不思議だな……。

不動産鑑定士は全国に約8,600人（令和５年１月１日時点）しかおらず、鑑定士として活動しているのはその半分程度しかいないと言われており、マイナーな資格です。

数が少ないことはもちろん、人生で不動産鑑定士にかかわる機会なんか滅多にないので、当然っちゃ当然です。 それゆえ、人手不足が進行している業界でもあります。

とくに大手の鑑定事務所は、毎年力を入れて採用活動しています。なぜなら、試験合格者が異常に少ないからです。

令和５年度の不動産鑑定士論文式試験の合格者数は146人で、司法試験の合格者数1,781人と公認会計士の論文式試験合格者数1,544人と比べると、その少なさが際立ちます。

また、不動産鑑定士の合格者の平均年齢は34.3歳で、平均年齢も高いです。この理由としては、不動産鑑定士という資格がマイナーすぎるが故に、社会人になってはじめてこの資格を知るというケースが多いからです。そのため、社会人受験生が多く、30歳以上の合格者の割合は、全体の約68.5％と高水準となっています。それ故に、不動産鑑定業界は35歳くらいまでであれば、若手として認識されます。

では、そもそも母数（合格者）が少ない中で、鑑定事務所、信託銀行等の企業は、不動産鑑定士を確保しようと努力している訳ですが、不動産鑑定士の進路はどこが多いのでしょうか。

進路先としてまず挙げられるのが大手の鑑定事務所です。日本不動産研究所、大和不動産鑑定、谷澤総合鑑定所の3社が大手と言われており、毎年各社約10～15人前後を採用している印象です。合格者総数に対して3割程度でしょうか。なお、内定者の年齢は20代～40代あたりまでが多く、過去の経歴は意外と様々です。また、若ければ若いほど需要が高い傾向にあります。大学生のうちに試験に合格すれば、就活は無双状態です。なお、建築士や技術士などのその他スキルがあれば年齢に関係なく採用される傾向があります。

その他の進路先としては、中規模の鑑定事務所や個人事務所、信託銀行などの金融機関でしょう。

とくに鑑定事務所にとっては、母数（合格者）が少ない、かつ、一定数は転職や独立開業していくことから、否応なしに毎年一定数の鑑定士を確保しなければならない状況にあります。そのため、不動産鑑定士試験に受かるだけで、鑑定業界からの需要が高くなることは間違いありません。また、不動産鑑定士としてキャリアアップする時には、外資系の金融業界や投資法人、M＆A関係などへの転職、さらに独立開業も視野に入れることができるので、我々としてはオススメの資格です。

不動産鑑定士と会計士の比較

弁護士  45,826人

公認会計士  35,492人

不動産鑑定士   **8,608人**

税理士  81,073人

司法書士   23,059人

弁理士   11,745人

出典：日本弁護士連合会「弁護士人口」2024年
日本公認会計士協会「会員数等調」2024年4月
国土交通省「不動産の鑑定評価に係る登録状況」令和5年1月1日
日本税理士会連合会「税理士登録者数」令和6年4月末日現在
日本司法書士会連合会「会員数他データ集」
日本弁理士会「日本弁理士会会員の分布状況」2024年4月1日現在

不動産鑑定士は人手が足りないぶん、需要も高い。

要点❶

不動産鑑定士試験の合格者数は毎年150人程度。

要点❷

大学生のうちに受かれば、鑑定業界での就活は無双状態。

要点❸

試験合格者の進路先は鑑定事務所や金融機関など。

悪魔のささやき

マイナー資格だけどキャリアアップのこと考えたら魅力的だな。

とりあえず不動産鑑定士取って、公認会計士も取れば？

うん、なんで？

39

自分で土地を査定してみた

～地価公示編　Part1～

▲
動画を鑑賞

自分の家の価格って気にならない？

うん。自分で不動産の価格を調べたい！

不動産鑑定士じゃなくてもできるのかな？

不動産鑑定士は、不動産の経済価値を算出することが生業ですが、資格がなくても査定できるのでしょうか。

結論、エリアにもよりますが、戸建住宅の土地なら、特殊な知識がなくともある程度算出が可能です。

ではどのように査定すればよいのか、かいつまんで説明しましょう。

一番簡単な方法は、地価公示から判断する方法です。

地価公示とは、毎年1回、国土交通省が全国約2万6,000箇所の土地価格を公表する制度です。この土地価格（公示価格）は不動産鑑定士が査定しているため、一般的な土地の取引においても、ひとつの指標として活用できます。

「地価公示　国土交通省」と検索すれば、国土交通省のHPにて下記サイトが出てくるので、ここで周辺の土地単価を調査しましょう（2024年4月時点）。具体的な調査方法と注意点を説明します。

(1) 地図から探す

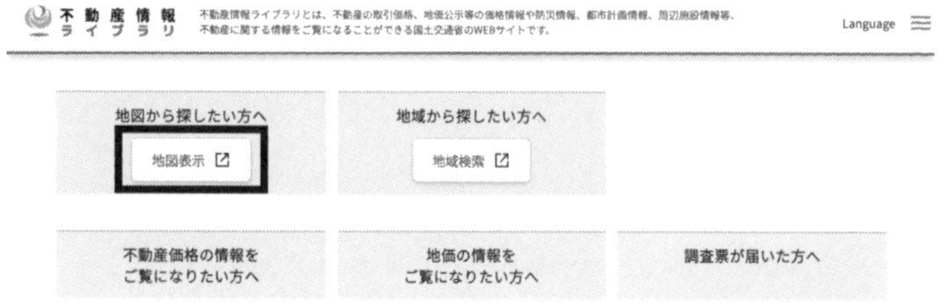

出典:不動産情報ライブラリ

(2) 下記の順番にクリック

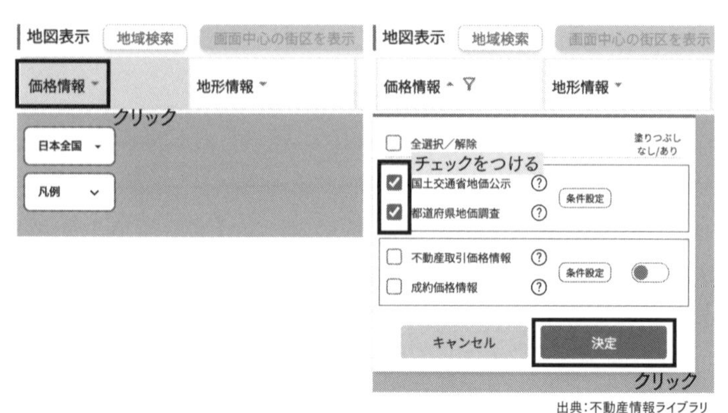

出典:不動産情報ライブラリ

(3) 周辺の土地単価をクリック

地図を拡大すると土地単価が出てきます。ただし、土地の用途に気をつけましょう。調査したい土地の用途が住宅の場合、近くにある駅前商業地の単価を見ても、参考にならない場合が多いです。つまり、原則、調査したい土地と同じ用途の公示価格を見る必要があります。

地価公示では地点毎に番号が振り分けられており、「地名○-△△」と表記されます。そして、この「○」の部分で用途を判別します。

「○」に何も数字がない場合は「住宅地」、「5」の場合は「商業地」（一般的に店舗や事務所が建ち並ぶ商業エリア）、「9」の場合は「工場地」（工場エリア）となります。

例えば、品川-11であれば住宅地、品川5-20は商業地、品川9-1は工場地となるわけです。

ですので、家の土地を調べたい場合は一般的に住宅地に該当するため、「○」に番号の記載がないものを選びましょう。

標準地番号	品川5-20
調査基準日	令和6年1月1日
所在及び地番	東京都品川区大井１丁目１０番４
住居表示	大井１－１０－３
用途区分	商業地
交通施設、距離	大井町、180m
価格(円/㎡)	2,410,000(円/㎡)
対前年変動率(%)	9.5(%)

地価公示の土地単価

出典：不動産情報ライブラリ

(4) 地価の変動率も見よう

我々不動産鑑定士は価格を査定する際、地価が上昇（下落）しているエリアかどうかを必ずチェックします。

この変動率を見ることで、例えば、自宅を売却する際の価格設定の判断をある程度決めやすくなります。通常、上昇しているエリアであれば、強気な価格に設定する判断ができますし、下落しているエリアであれば、強気な価格設定はしない方がいいと判断できるという塩梅です。

過去の地価、対前年変動一覧

標準地番号	年	価格（円／m²）	対前年変動率（%）
品川5-20	令和6年	2,410,000	9.5
品川5-20	令和5年	2,200,000	3.8
品川5-20	令和4年	2,120,000	0.0
品川5-20	令和3年	2,120,000	−1.4
品川5-20	令和2年	2,150,000	9.7
品川5-20	平成31年	1,960,000	8.3
品川5-20	平成30年	1,810,000	7.1
品川5-20	平成29年	1,690,000	4.3
品川5-20	平成28年	1,620,000	5.2
品川5-20	平成27年	1,540,000	4.1
品川5-20	平成26年	1,480,000	1.4
品川5-20	平成25年	1,460,000	−0.7

地価公示の価格で、土地の価格をある程度判断できる。

要点❶

地価公示とは、毎年1回、国土交通省が全国約2万6,000箇所の土地価格を公表する制度。

要点❷

同じエリアでも土地の用途によって単価が大きく変わる場合がある。

要点❸

価格だけでなく、地価の変動率も見よう。

悪魔のささやき

駅前の土地と自宅の単価が全然違う！

用途が違うからだよ。

あのさぁ……鑑定士でもないくせに、知識人ぶらないでくれる？

うん、なんで？

40

自分で土地を査定してみた

〜地価公示編　Part2〜

▲
動画を鑑賞

地価公示で土地の価格はある程度分かったけど、そもそもこの価格ってどうやって決めてるの？

不動産鑑定士に聞いてみよう。

先程のチャプターでは、地価公示の調べ方を解説しました。

ではそもそも、地価公示の価格（公示価格）はどのように決めているのでしょうか。筆者のひとりである泰道も、実際に地価公示の業務を行っているので簡単に説明します。

今回のテーマである住宅地の場合、取引事例比較法を主として価格が決まります。取引事例比較法を嚙み砕いて説明すると、あっちの土地はあの値段で売れているから、こっちの土地はこの値段に相当するだろうという手法です（もちろん、単に価格を比較するだけでなく、要因比較という細かな作業が入ります）。

不動産鑑定士は実際の成約価格を一部見ることができるので、その成約事例を見ながら、「周辺ではこの金額で成約しているから、もう少し価格を高くしよう」や、「そこの高い事例は住宅街の中でも人気のエリアだから対象不動産はもう少し低い水準が妥当だろう」などを判断しつつ、公示価格を決めています。

ここで、「鑑定士が一つずつ事例をみて価格を決めるなんてやり方が古い！　AIとかを駆使してもっと効率よく業務をこなせるでしょ！」と思われた方もいるでしょう。

しかし、査定してみるとそう簡単にはいきません。確かに、駅距離や用途地域などを代わりに調査してくれるサポート的な役目であればAIで代替可能だと思いますが、不動産鑑定（適正価格の査定）は今後も鑑定士の判断が必要になると考えます。

というのも、この世に全く同じ土地というものは存在せず、現地に行かないと分からないこともしばしばあるので、土地の個別性を全て価格に反映させるために、人の目で判断しなければいけない部分があるからです。

例えば、対象地の隣地が2,000万円で取引されていたとしましょう。しかし、対象地の形状が綺麗な長方形で、隣地の形状が非常に悪い不整形（凸や凹のイメージ）だとしたら、価格はいくらになるでしょうか。

「現代の技術を駆使してAI査定しました！ 隣の土地が2,000万円で取引されているので、ここも2000万円です！」と言われて信頼できますでしょうか。

我々不動産鑑定士だったら、

・エリアの地価推移と隣地の成約時期
・周辺の不整形地の事例価格は？
・価格への影響度合いは？
・隣地はどの程度の凸型なのか？
・日当たりは対象地の方がよい？
・対象地の間口・奥行の比率は？
**　建物を建築する時に支障はない？**

などをしっかり検討したうえで、価格を査定します。

古臭いやり方と言われてしまえばそうかもしれませんが、きちんと適正価格を査定するならば、AIが確認しきれない部分も含めて、鑑定士が判断する必要があるのです。

なお、エリアにもよりますが、実際の取引価格（実勢価格）は公示価格の1.1倍程度と言われています。とくに、都心などの取引が過熱しているエリアでは、実勢価格の方が地価公示より大きく上回る傾向にあります。実際に都心で地価公示の1.5倍の取引を見たことがあります。

理由としては、取引が過熱しているエリアは需要が多く、売主は強気な価格設定をして市場に出すため、購入者はやや高めの金額で購入する傾向にあるからです。

一方、地方では、地価公示の価格と実勢価格が近似していることが多いです。これは、取引が過熱していないと売主は強気な価格設定ができず、購入者も相場どおりでないと購入しないからです。

このように、実勢価格と公示価格には価格差がある場合があるので、公示価格による査定は、参考程度に留めておきましょう。

地価公示と実勢価格の比較

原則	地価公示の1.1倍程度が実勢価格
都心	地価公示の1.5倍以上乖離しているエリアも
地方	地価公示程度の水準で取引される傾向

不動産の適正価格を査定するには、人の目で確認・判断することが必要。

要点❶

取引事例比較法とは、周辺の成約事例を見つつ査定する方法。

要点❷

実勢価格は公示価格の1.1倍程度といわれている。

要点❸

取引が過熱しているエリアでは、より乖離する場合もある。

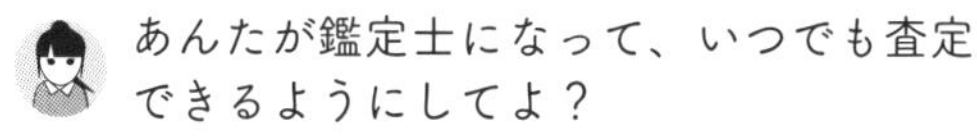

不動産の適性価格を査定するには、結構労力がかかるんだな。

あんたが鑑定士になって、いつでも査定できるようにしてよ？

うん、なんで？

41

自分で土地を査定してみた

～取引事例比較法～

▲
動画を鑑賞

不動産鑑定士が住宅地の査定をする時、取引事例比較法を使うみたいだね。

**取引事例比較法って何？
具体的に何をしてるの？**

不動産鑑定士に聞いてみよう。

不動産鑑定士が住宅地の評価をする場合、取引事例比較法を用いて価格査定することが一般的です。

では、具体的にどういったことをしているのでしょうか。
皆さんは、自宅の土地価格やマンション価格を把握する時、「○○市○○丁目　土地」や「○○駅　マンション」などと調べ、不動産ポータルサイトを閲覧するかと思いますが、不動産鑑定士も同じようなことをします。

厳密に言うと、不動産会社だけが見られるサイト（レインズ）や、鑑定評価の場合には鑑定士のみが見られるサイトで、実際の成約事例を見つつ査定します。
これらのサイトを駆使すると、例えば、2,000万円で販売されていた土地が1,800万円で成約したことが分かったりするので、査定価格の精度が上がります。
不動産ポータルサイトでは、成約価格ではなく募集価格が表示されているので、基本的には、相場～やや高い金額が掲載されている傾向にあります。

「不動産会社や鑑定士しか成約事例が見ることができないなら、正確な資産価値が把握できないじゃないか」と思う方もいるでしょう。そのとおりです！

ただ、ある程度の相場感を把握しておけば、不動産売買時に不動産会社に惑わされることが減ります。少なくとも極端に買い叩かれるということはなくなるでしょう。

ですので、次のチャプターで、鑑定士が使っている取引事例比較法を、皆さんでも使えるよう、独自に簡素化しました。
指示どおりに入力していけば、ある程度の価値を把握できるので、ぜひ実践してみてください。
なお、正確な数値を算出するには不動産鑑定士や不動産会社にお願いしましょう。

不動産鑑定士は成約事例を見られる環境にいるため、査定の精度は必然的に高くなる。

要点❶

不動産ポータルサイトで表示されている価格は相場からやや高めの金額で掲載されている。

要点❷

不動産会社や不動産鑑定士だけが見ることができるサイトがある。

要点❸

正確な数値を算出するには不動産鑑定士や不動産会社にお願いしよう。

悪魔のささやき

不動産の成約事例を見ることができるのって羨ましいな。

だから、鑑定士取れって言ってるじゃん！

うん、なんで？

42

自分で土地を査定してみた

～取引事例比較法・実践編～

動画を鑑賞

自分で不動産の価格を査定してみたい！

査定方法を不動産鑑定士に教えてもらおうか！

自宅や購入予定の不動産の適正価格が把握できれば嬉しいですよね。

鑑定士の精度で査定するには、かなりの勉強時間を要してしまうので、今回は「そこそこの精度」で不動産の価値が把握できるよう、取引事例比較法の簡易版を作成しました。なお、これで簡易査定できるのは家の土地（住宅地）のみです。

ステップ①

まずは、査定したい土地（対象地）の情報を調べましょう。具体的には、前面道路の幅員、駅距離、規模、形状です。

次に、国土交通省の地価公示にて、対象地と近く、同じ住宅地の公示地を調べます。

最後に、不動産ポータルサイトにて、対象地とできる限り場所が近い、募集事例を調べます。

ステップ②

ステップ①で調べた情報を下記の表に埋めましょう。

なお、「対象地と比較した時の序列」については、主に住環境の面から判断しましょう。上記で調べた道路幅員、駅距離、規模、形状のほか、生活利便性や騒音の有無などを確認しましょう。優劣の付け方は、皆さんの感覚で大丈夫です。

入力項目

	道路幅員 m	最寄駅 距離 （徒歩）	規模 ㎡	形状	価格 円	単価 円/㎡	対象不動産と比較した序列
対象地					査定中	査定中	―
公示地							
事例①							
事例②							
事例③							

記載例

	道路幅員 m	最寄駅 距離 （徒歩）	規模 ㎡	形状	価格 円	単価 円/㎡	対象不動産と比較した序列
対象地	5.0	大鳥居 7分	100	正方形	査定中	査定中	―
公示地	6.0	糀谷 4分	135	長方形	6,010万	44.5万	同程度
事例①	6.0	大鳥居 4分	100	長方形	6,000万	60.0万	優れる
事例②	5.0	大鳥居 8分	110	長方形	5,900万	53.6万	同程度
事例③	4.0	大鳥居 16分	180	不整形	7,900万	43.9万	劣る

ステップ③

ステップ②で作成した表の序列を見ながら、対象地の単価をご自身で査定しましょう。

ステップ②の記載例でいくと、事例②と対象地がとくに類似してそうなので、採用単価は54万円で査定してみましょうか。

単価が決まれば、対象地の規模(㎡)を乗じて、土地価格を求めることができました。

① 採用単価 円／m²	② 対象地規模 m²	③ 対象地価格 ①×② 円
540,000	100	54,000,000

なお、「単価と総額の関係」に注意しましょう。

規模が大きいと総額がかさむため、基本的に単価は下がります。

例えば、規模100㎡、総額5,000万円（50万円/㎡）が標準的なエリアで、対象地が標準的な大きさよりも大きい200㎡の場合、同じ単価(50万円/㎡)で査定すると、総額が1億円になります。1億円の土地を購入できる層は、5,000万円の土地を購入する層と比べて、だいぶ限られてきそうですよね。
つまり、総額が大きくなると需要が減るので、一般的に単価が落ちる傾向にあるのです。
ですので、ステップ①で販売事例を調べる際に、できる限り対象地と同規模の土地を選びましょう。

各項目の説明・注意

公示地

取引が過熱なエリアだと、実勢価格と公示価格にギャップが生じることに留意しましょう。また、公示地の選択は対象不動産から近ければよいわけではありません。
前のチャプターでも話しましたが、調査したい土地の用途が住宅の場合、同じ住宅地の公示地を見る必要があります。地価公示では地点毎に番号が振り分けられており、「地名○-△△」と表記されます。そして、この「○」の部分で用途を判別します。
家の土地を調べたい場合は一般的に住宅地に該当するため、「○」に番号の記載がないものを選びましょう（詳細はチャプター37より）。

道路幅員について

確認事項	周辺の住宅地と比較して幅員が狭いか広いか
評価ポイント	事例の幅員と比較して狭すぎればマイナスの要因になります。広すぎて車両交通量が多く、騒音・排気ガスが気になるならマイナスの要因になります。
豆知識	幅員は狭すぎるとマイナスの評価になります。住宅地であれば5～6mはほしいところです。例えば、道路幅員が4mだと、①車のすれ違いが困難、②駐車がしづらい、③道が狭く住宅としての雰囲気が暗いなど、マイナスの要因になることが多いです。

最寄り駅／距離について

確認事項	最寄り駅の利便性（快速が止まる、駅前商業施設がある等）
評価ポイント	事例と比較して駅から遠い、事例の駅より不便等の要因はマイナス。
豆知識	駅の特性を確認しましょう。駅前商業施設があるなど、住環境としての利便性が高い場合はプラスの要因になります。 一方、風俗街などの歓楽街が近いと駅から近くてもマイナスの要因になることもあります。

規模	
確認事項	周辺の住宅地と同程度の規模かを確認
評価ポイント	周辺の土地の規模と比較して小さすぎるとマイナスの要因になります。 逆に大きすぎても総額がかさんでしまうため、単価が下がる要因になります。
豆知識	規模が小さければ、戸建住宅のメリットである駐車場が設けられなかったり、設計上不便なことが多いです。一方、規模が大きすぎても総額が大きくなり、単価が下がる可能性もあります。

形状	
確認事項	戸建住宅を建てるのに不便な形状でないか
評価ポイント	整形地(正方形や長方形の四角形)が標準です。 下図のような旗竿地や不整形の土地は使いづらい等の理由でマイナスの要因になります。
マイナス要因となる敷地形状	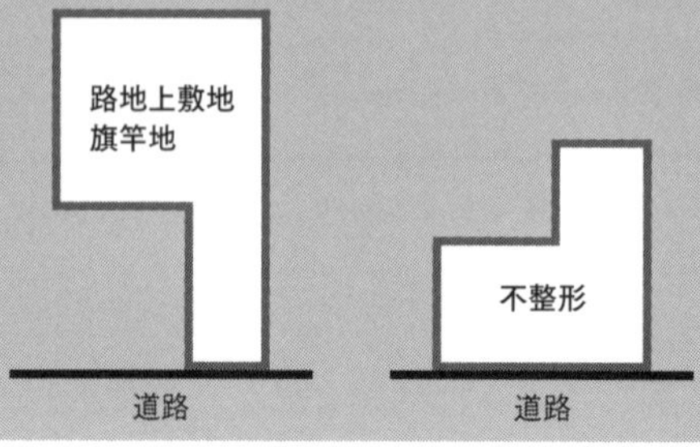 路地上敷地 旗竿地 道路 不整形 道路

住宅地であれば、そこそこの精度で査定が可能。

要点❶

できる限り同じような規模の事例を選んで対象地と比較しよう。

要点❷

土地の規模が大きいと総額がかさむため、一般的に単価は下がる傾向にある。

要点❸

正確な数値を算出するには不動産鑑定士や不動産会社にお願いしよう。

悪魔のささやき

時間かかったけど、査定できた！

お、どうだった？　3,000万円～4,000万円くらい？

ちょっと私の希望も込めて、3億円！

うん、なんで？

あとがき

『悪魔の不動産鑑定』を最後まで読んでいただきまして、誠にありがとうございました。

独立不動産鑑定士として働いてしみじみ感じるのが、不動産知識の有無で、大きく損得が変わるということです。

不動産は株のようにリアルタイムで時価（適正価格）を見ることができません。

そのため、一部の不動産会社は「できるだけ安く買い叩いて転売しよう」「相続税対策を考えている人は多少高くても買うだろう」「賃貸需要がなくてもアパート建築してもらおう」などと考え、業者都合の提案を平気でしてきます。今後もそういった「お客様の足元を見てくる」会社は存在し続けるでしょう。

我々は、皆さんに不動産知識を少しでも付けていただきたい、足元を見てくる業者に引っかからないでほしいという想いで、一般社団法人桃太郎オフィスを設立しました。

弊社は、不動産相続・売買に関する事業を展開しています。

相続した不動産をどうすればよいか分からない方、アパート建築を検討しているが損しないか不安な方、不動産売却を初めてする方など、お悩みの方はぜひ一度、「桃太郎オフィス　不動産事業部」をご覧ください。みなさまの不動産リテラシーが少しでも上がった！　と実感していただけたら幸いです。

著者一同

YouTube チャンネル
（桃太郎オフィス　不動産事業部）

https://www.youtube.com/channel/UC_rLZEpUkK8jg364E48eZRg

Momotaro Office

Masanori Taido (AUTHOR)
Momotaro Nakase (AUTHOR)

Crossmedia Publishig

Kazuyuki Suga (AE)
Reina Toyama (SP)
Rukino Uchiyama (DTP)
Yoshimi Ara (DTP)
Airi Mieno (ILLUST)
Tadafumi Jo (AD)
Eriko Iwase (PR)
Hidemi Kawabe (EDITOR)

［著者略歴］
泰道征憲（たいどう・まさのり）

不動産鑑定士
1988年千葉県市川市生まれ。日本大学理工学部卒。地主家系（長男）として生まれ、大学生の頃から「アパート建築による相続対策」「不動産の売買」「土地の有効活用」等に携わる。大学卒業後、不動産仲介業者・鑑定・デューデリジェンス会社で修行した後、（一財）日本不動産研究所入所。研究所時代は土地の有効活用や不動産評価を軸とした鑑定評価業務を担当。現在は不動産の専門家として法人の顧問や資産家からの不動産相談を受けつつ、桃太郎オフィスの共同代表として実務面や契約周りを担当。

中瀬桃太郎（なかせ・ももたろう）

不動産鑑定士／YouTuber
1995年3月21日、京都府京都市生まれ。立命館大学経営学部卒。大学卒業後、業界最大手の（一財）日本不動産研究所に約5年間在籍。平日はサラリーマン鑑定士として働き、土日はYouTubeで動画投稿をする。2024年6月時点で桃太郎オフィスのチャンネル登録者数は67万人、不動産事業部の登録者は16万人。サラリーマン時代に培った鑑定士としてのスキルとYouTubeの拡散力を活かし、現在は不動産相続・不動産売買に関する事業を展開中。

悪魔（あくま）の不動産鑑定（ふどうさんかんてい）

2024年6月21日　初版発行

著　者　泰道征憲・中瀬桃太郎

発行者　小早川幸一郎

発　行　株式会社クロスメディア・パブリッシング
〒151-0051 東京都渋谷区千駄ヶ谷4-20-3 東栄神宮外苑ビル
https://www.cm-publishing.co.jp
◎本の内容に関するお問い合わせ先：TEL（03）5413-3140／FAX（03）5413-3141

発　売　株式会社インプレス
〒101-0051 東京都千代田区神田神保町一丁目105番地
◎乱丁本・落丁本などのお問い合わせ先：FAX（03）6837-5023
service@impress.co.jp
※古書店で購入されたものについてはお取り替えできません

印刷・製本　中央精版印刷株式会社

ISBN978-4-295-40987-8　C2034